Berry Farah

# Clara

—ÉDITIONS—
BERRY FARAH

**Ma chère amie,**

Ce week-end, Claude et les enfants sont au chalet ce qui m'offre tout le loisir de t'écrire. J'ai refusé de les suivre même si l'hiver clément et ensoleillé m'aurait permis de profiter de l'air vivifiant de la nature. Le bonheur de renouer avec le silence me plaît. Je contemple, avec un certain plaisir, les heures défiler sans ressentir le moindre ennui. Hier encore, je considérais, à tort, ne rien faire comme un vice alors que cela procure d'agréables sensations. Aujourd'hui, je me suis interdit de succomber à toutes tâches qui viendraient perturber ma quiétude. À mon corps défendant, je suis partie à ma rencontre. J'ai découvert la femme que je n'ai pas vu grandir, trop accaparée par ma famille et ma profession. Ce mode de vie que, plus jeune, je croyais éculé s'est imposé à moi par la force des choses. Malgré nous, nous sommes conditionnés par notre éducation et par la société. Mettre ses influences à distance pour faire émerger notre vraie nature demande beaucoup d'efforts. Un tel exercice nécessite une grande conscience de soi pour réussir. Seules nos expériences nous permettent de faire la part des choses. Vouloir imposer notre différence coûte que coûte nous marginalise. Le prix à payer est sans doute trop élevé pour emprunter cette voie. Aujourd'hui, envisager la vie d'une autre manière alors que je dois assurer l'avenir de mes enfants me paraît complexe. Malgré l'affection que je leur porte, leur charge est un obstacle à mon désir de réinventer ma vie. J'ai cru échapper à cette soif d'être une autre par des escapades, de temps à autre, avec Claude. Malheureusement, nous ne sommes pas parvenus à ce que nos cœurs battent à nouveau la chamade. Nous sommes de très bons amis à la complicité indéniable, mais nous avons peine à retrouver le chemin de l'amour effervescent. Nous appréhendons, l'un comme l'autre, d'interroger notre relation. Pourtant, la nécessité de reconnaître ce qui nous rapproche de ce qui nous éloigne, ce dont on désire de ce que nous ne souhaitons plus subir est essentiel pour dynamiser notre union. Nous nous trouvons si confortables dans notre situation que nous considérons le questionnement comme un danger. D'autant plus que le bonheur de nos enfants exige de préserver ce que nous avons bâti. Une séparation pourrait nuire à leur équilibre psychique. Être parent ne devrait pas mettre en péril le couple. Une telle perspective semble illusoire. Nos priorités nous poussent à pencher soit d'un côté soit de l'autre. Peux-tu t'imaginer, si ce n'était de cette journée, ces questions seraient restées tapies au fond de moi ? Quand je pense à Justine et Pierre, je ne sais pas comment ils arrivent encore à vivre l'amour passionnément malgré leur relation tumultueuse. Pour autant, je ne supporterais pas une vie aussi désordonnée que la leur. L'exaltation de leur week-end en amoureux retombe vite lorsque les conflits réapparaissent. J'ai la chance de connaître, avec Claude, une certaine sérénité au quotidien même si celui-ci est organisé par un emploi du temps qui nous prive parfois de nous laisser aller à la paresse, et oublier nos responsabilités. Cette vie après laquelle nous ne cessons de courir, au lieu de la vivre, nous éloigne de nos sens. Je réalise combien notre ouïe vit au grès des bruits de la ville et de toutes les interférences journalières, sans jamais trouver le repos. Même dans un parc, les cris des enfants nous ramènent sans cesse à notre réalité. Notre odorat est trompé par les parfums que nous portons ou qui habillent l'atmosphère sans parler de toutes les senteurs indésirables qui habitent notre environnement. Nous en sommes venus à ne plus percevoir ce qui nous entoure, ce qui brouille nos désirs et nous leurre dans nos rencontres. Notre regard n'éprouve plus de l'admiration pour les beautés de ce monde tant nous sommes inondés d'images. Nous n'arrivons plus distinguer la fiction de la réalité. Même le toucher n'est plus guère sollicité. Il est devenu une source de malaise. Tu peux t'imaginer que mon médecin ne me palpe plus. Je ne sais si c'est par crainte où parce qu'il est médium et comprend ce que je ressens sans jamais porter la main où j'ai mal. Cela me fait penser à Claude dont ces gestes tendres ressemblent davantage à ceux d'un père à sa fille que d'un mari à sa femme. La sexualité n'a jamais été au firmament, mais à présent tout me laisse croire que c'est une tâche à mettre au programme au même titre que le repassage. Nous sommes tellement épuisés le soir venu, que nos relations s'apparentent à celle de coureurs à bout de souffle. J'ai l'impression que je n'ai cessé de courir depuis que je suis entrée sur le marché de l'emploi. Même en vacances, nous sommes soumis aux aléas des activités de ces luxueux complexes hôteliers où nous n'arrivons jamais à être seuls. Où est passé le temps de notre escapade en France à l'époque où nous jouissions de la liberté et nous croquions dans la vie ? C'était l'été de notre deuxième année universitaire, t'en souviens-tu ? Nous en avions parlé toute l'année, scrutant les cartes pour définir le parcours que nous comptions suivre. Je ne peux oublier notre escale à Cassis. Lasses des auberges de jeunesse, nous avions décidé de nous prendre pour des princesses. Pour la première fois, j'ai usé de ma carte de crédit pour un séjour d'un week-end dans ce magnifique hôtel où Winston Churchill avait eu ses habitudes. J'en ris encore à voir le regard du réceptionniste se poser sur nous, en short avec nos sacs à dos, lorsque nous lui avons demandé une réservation pour deux nuits. Je me rappelle l'air hautain que tu as pris à la manière d'une actrice américaine tout en insistant pour une chambre avec vue sur la mer. Alors que je t'écris, le soleil a illuminé la pièce et le ciel d'un bleu intense me refait penser à la Méditerranéenne. Je repense à notre rencontre avec Bernard et Roger. Cela m'amuse de me remémorer Bernard me courtisant, avec sa diction théâtrale, à la manière d'une époque révolue. Il était charmant malgré sa timidité qui le rendait maladroit. À la plage, je l'avais fait rougir quand j'ai enlevé mon haut de bikini. Une liberté que je ne me suis plus accordée depuis. Je ne sais pas si mon comportement s'apparentait à de la provocation où si c'était le fait de ne sentir aucune contrainte qui me laissait croire que tout était permis. Quant à Roger, aux airs de play-boy des beaux quartiers, il n'avait pas résisté à ton charme. Qui pouvait rester indifférent à ton regard et à ton élégance ? Qui aurait pensé qu'un jour que tu te serais mariée toi qui as couru les aventures ? Parfois, je me demande si je n'aurais pas dû emboîter ton pas. J'aurais sans doute appris à mieux me connaître au lieu de me précipiter dans les bras de Claude. Pourtant, je ne dois pas me plaindre. Claude est un homme si attentionné et prévenant que je me sens comblée. Pour autant, il lui manque cette spontanéité, ce grain de folie dont je ressens le besoin plus souvent qu'avant. Ce n'est pas pour autant que je me permettrais une aventure. Ce n'est jamais facile de tenir ses sentiments à distance de sa sexualité ou des jeux de séduction. Je n'ai pas ta force de caractère pour éviter les pièges tendus par mes émotions. Qu'arriverait-il alors ? À vrai dire, la perspective d'une nuit endiablée ne me déplairait pas. J'en ai même des frissons. Cependant, ce dont j'ai vraiment envie, c'est de me sentir désirée. Qu'arrivera-t-il après ce week-end ? Le fait de ne plus voir la vie comme elle a toujours été, va perturber ma tranquillité. Je vais être habitée par cette envie de changement dont je crains qu'il provoque des failles. En réalité, je sais fort bien que demain avec le retour à la normalité tout reprendra son cours et ce délicieux moment s'estompera comme un doux rêve jusqu'à la prochaine fois où il s'éveillera à nouveau à moi. Pourtant, je crois qu'il est important de trouver une activité qui me permette de rompre avec cette routine infernale. Autrement je crains que cette fissure ne s'agrandisse et provoque un effondrement. Il faudrait m'y consacrer une heure ou deux dans la semaine, loin de la pression que nous nous imposons. Un loisir dans lequel je pourrais exprimer mon côté artistique. Je vais évacuer l'heure des exercices que nous pratiquons avec Claude pour renouer avec le dessin. Tu te rappelles les aquarelles que j'ai peintes durant notre séjour en France. J'ai envie de m'y remettre. Je peux me priver de sport. Mon corps est suffisamment fatigué pour lui offrir du repos au lieu de le maltraiter encore sous

prétexte de lui faire du bien. C'est déjà l'heure du souper !
Je n'ai pas vu le temps passer à me remémorer ces vieux
souvenirs. Je rêve qu'ils ressurgissent dans le présent pour
m'évader à la manière d'autrefois.

Je t'embrasse avec toute mon amitié

Clara

## Gilbert à son dictaphone

C'est à mon dictaphone que j'ai pris l'habitude de confier mes états d'âme. Je m'amuse du regard que les autres me portent lorsque j'utilise cet engin au lieu d'avoir recours à un téléphone intelligent. D'ailleurs, à quoi me servirait un téléphone ou même une tablette puisque je ne reçois pas d'appels ? Un ordinateur me suffit. La solitude est entrée dans ma vie sans savoir si cela a été un choix délibéré ou une évidence qui s'est imposée à moi. Enfant, je la fuyais. Je n'avais pas compris toute la richesse qu'elle pouvait m'apporter. Par crainte de la rencontrer, je me suis accroché aux uns et aux autres qui ont pourri mon existence au lieu de me prouver que j'avais raison de vivre loin d'elle. Ne voulant pas reconnaître que la solitude offre un agréable refuge, je me suis laissé convaincre qu'il me fallait nouer des amitiés. Je ne peux pas me le reprocher. Enfant ou même adolescent, il est difficile de se construire à l'écart du monde. Pourtant la richesse de mon imaginaire aurait suffi à combler mon isolement. Faut-il encore pouvoir prendre conscience de cette réalité ? Malheureusement, ma timidité et ma gaucherie n'ont pas favorisé mon intégration auprès de mes camarades. Je ne contrôlais pas ma personnalité, car je la méconnaissais. La famille en porte en partie la responsabilité à vouloir faire de moi un autre. Elle vous soumet à des principes qui ne vous ressemblent pas, mais que vous ne pouvez pas contester puisque ce sont vos parents qui vous les inculquent. Nous finissons par y adhérer, même si l'adolescence peut conduire à la révolte. Et si nous apprenons à faire la part des choses, le plus souvent nous admettons le bien-fondé de cette éducation. Parfois, il faut des années pour reconnaître les travers de ce qui nous a définis. Ainsi, je me suis conformé en glissant dans le costume étriqué qui m'avait été dessiné. Je m'y suis trouvé engoncé au point de ne plus savoir exprimer mes opinions sans hésiter ou bafouer. La peur nous invite à nous taire ou acquiescer bêtement et parfois à fuir. Pour récompense, j'eus droit aux brimades et aux moqueries de mes camarades. Au lieu de me dégager de cette emprise malsaine, je jouais la pitié. Je croyais, naïvement, que mon attitude attirerait une âme bienveillante pour m'apporter le réconfort dont j'avais besoin. En vérité, la délivrance ne pouvait se gagner qu'en suivant sa propre voie. Fallait-il encore avoir suffisamment confiance en soi pour affirmer son indépendance ? L'absence de confiance donne une mauvaise image de soi, celle d'un être faible, incapable de prendre des décisions.

Ces conditions font naître la peur et l'angoisse qui cultivent l'incertitude et rendent tout accomplissement vain. Ainsi j'ai vogué, pendant des années, comme un bateau ivre, en quête de mon identité. Durant cette période, le temps maussade et les éclaircies de courte durée me privèrent d'entrevoir l'horizon. Je ne savais pas si un jour je trouverais ma voie ou si je serais condamné à l'errance. J'ai vogué ainsi avec comme seul bagage un métier dans lequel je n'avais plus foi. Je n'avais pas l'étoffe d'un fauve pour tracer ma route, qu'importe qui je renverserai sur mon passage. Mon idéal de justice et d'absolu ainsi que mon désir de comprendre le monde étaient en porte à faux avec la réalité d'un métier qui exigeait de la productivité et de la rentabilité. Puis un jour, j'ai décidé de me défaire de tout ce qui m'avait défini jusqu'à présent. Je suis parti à la rencontre de ma solitude qui m'attendait depuis longtemps. Elle m'a permis d'apprendre à me connaître et à m'apprivoiser. Ce ne fut pas un exercice facile. J'ai connu des creux et des vagues tant il fallut se confronter à une réalité que je me refusais de voir. Fort content de ce que je découvrais, je crus pouvoir affronter à nouveau ce monde qui m'avait fait tant souffrir. Malheureusement, mes rencontres ont engendré des déceptions. J'ai fini par reconnaître qu'entretenir des relations avec les autres n'était pas aisé. Mon habileté à les écouter, à les analyser et à les comprendre était plus développée que de nouer des liens avec eux. Le sentiment d'attachement ne semble pas être partie prenante de ma personnalité. Peut-être l'ai-je perdu à force d'avoir erré ? J'ai appris à aimer ma solitude même si le silence représente un lourd fardeau. Converser a la vertu de nous sentir exister même si cela ne dure que le temps d'une brève rencontre. Quels que soient les bienfaits de la solitude, il a fallu se résigner à embrasser un nouvel emploi. Les revenus se sont effondrés ne laissant aucune autre perspective que d'intégrer un monde que j'avais cherché à fuir. Toutes mes ambitions devaient être mises de côté au même titre que ma fierté. Le travail devait préserver mes acquis. Cependant, même si notre tâche se résume à remplir les étagères d'un supermarché, on ne peut échapper aux interactions avec ce qui gravite autour de nous. D'une part, les clients, et leurs caprices, qui font preuve de peu d'égards à notre endroit. D'autre part, nos collègues et nos responsables dont il faut assumer les sautes d'humeur et l'humour qui frisent parfois la moquerie. Cette vie, qui s'est imposée à moi par nécessité, ressemble à un bagne auquel j'ai peu d'espoir de m'y soustraire. Je ne sais combien de temps, je subirais ce travail répétitif dont le revenu me permet tout juste de subvenir à mes besoins. Une fois encore, j'ai l'impression d'endosser un habit trop étroit pour masquer mes différences. Je reste à l'affût de toutes dérives comportementales qui engendreraient des brimades, de l'intimidation ou des attitudes inappropriées. J'ai renoué à mon corps défendant avec l'inquiétude. Je ne sais pas ce qui adviendra si je laissais tomber l'image derrière laquelle je m'abrite pour redevenir moi-même. La fin de mon contrat ? Ce travail a mis en péril mon ambition d'écrire. Depuis que je me suis réconcilié avec ma solitude, l'écriture est une précieuse compagne. Même si les jours de congés offrent la possibilité de reprendre la plume, le fil de ma pensée s'est égaré dans les allées du supermarché. Écrire devient un éternel recommencement. J'ai donc décidé de me trouver une échappatoire ponctuelle. Ainsi, je me suis souvenu que durant ma jeunesse le dessin favorisait mon évasion. Ce serait le meilleur remède pour maintenir en vie une âme qui se désespère.

**Ma chère amie,**

Cela fait presque vingt ans que je vois chaque jour mon histoire s'écrire de façon identique à quelques différences près. J'ai l'impression de ne plus savoir comment réinventer ma vie. Pourtant, le fait d'avoir décidé de rompre avec ma routine et embrasser une nouvelle activité a ouvert une brèche. En allant suivre ce cours de dessin, je n'avais aucun à priori même s'il est étrange de se retrouver après une journée de travail dans une salle de classe avec un professeur nous enseignant les rudiments de la peinture et de la composition. J'ai eu l'impression d'un retour au temps où j'étudiais au collège. Cela aurait pu provoquer une agréable sensation si le lieu austère, le sérieux de l'enseignant et des élèves pour la plupart âgés ne constituaient pas le décor. J'ai trouvé la première séance ennuyeuse d'autant plus que le professeur m'a fait des remontrances comme à une étudiante. Il m'a fait remarquer que le cours commençait à 18 h et non pas à 18 h 30. J'aurais pu me montrer impertinente comme il m'est arrivé de l'être plus jeune, mais je me suis ravisée. La leçon dure environ trois heures dans un silence assourdissant hormis la voix du professeur et le frottement des crayons sur le papier. Durant ce temps à dessiner, il m'arrive de repenser à ma vie et à ce désir profond d'en écrire un nouveau chapitre. Cela ressemble plus à un rêve qu'à la réalité. Pourtant, au fond de moi s'agite une envie de renouveau que je souhaiterais faire vivre sans savoir comment y parvenir. J'ai peur que tout geste précipité ne provoque la chute de tout ce que j'ai bâti jusqu'à présent. Je n'aimerais pas faire subir aux enfants les conséquences d'un caprice. D'ailleurs, peut-on qualifier ce désir de caprice ? Aspirer à se réinventer est une intention légitime. Par contre, j'hésite par crainte de devoir en payer le prix. Au fond, je crois que nous sommes toutes les mêmes. Nous souhaitons la transformation de nos vies sans vraiment vouloir déroger à nos habitudes. C'est la peur de perdre son confort qui nous prive d'agir. Je ne sais pas si l'abandon de mon emploi permettrait de tracer une voie de contournement. Redevenir une mère au foyer va à l'encontre de ma personnalité. Je n'ai aucune certitude que ce changement aura un effet salvateur, et ce, même si je consacre mon temps à de nouvelles activités. Tout au contraire, je crains que ce soit un piège, qui risque de m'isoler. Tandis que mon esprit vagabondait, j'ai perçu, parmi les élèves, un homme, plus jeune que les autres, qui paraissait trouver les cours aussi ennuyeux que moi. Nous avons fait connaissance durant la courte pause qui nous est accordée après une heure et demie de cours, une délivrance. Peux-tu t'imaginer que pour la première fois depuis mon mariage j'ai eu envie de renouer avec la cigarette ? Heureusement que Gilbert, c'est ainsi qu'il se prénomme, ne fume pas. C'est un homme un peu particulier, mais au demeurant très sympathique. Je dis, particulier, car il me semble sortir du lot avec son humour pince-sans-rire et sa manière de disserter de la vie tel un philosophe. C'est un plaisir de l'entendre parler. Certes, il n'est pas mon type d'homme, mais il a un charme qu'il est difficile d'ignorer. Cette rencontre m'a conduit à ne pas renoncer à cette activité. Nous avons pris l'habitude de dîner après le cours. Claude a été prévenu que le jeudi m'est réservé. Je l'ai informé de mon désir de rompre avec la routine en me consacrant du temps. Il n'a fait preuve d'aucune objection et a accepté de s'occuper des enfants. Gilbert porte beaucoup d'attention à mon discours plus qu'il ne parle. Cela fait longtemps que j'avais envie de m'exprimer et que personne ne prenait le temps de m'écouter. Aussi surprenant que cela puisse l'être, Gilbert invite à la confidence. Je lui ai fait part de mes interrogations et il a su me répondre avec beaucoup de finesse et d'intelligence. Pour provoquer un changement, il prétend qu'il faut d'abord apprendre à se connaître. Une tâche plus difficile à accomplir qu'il y paraît. Gilbert pense que ce sont les accidents et les imprévus de l'existence qui nous poussent à aller à notre rencontre et à nous questionner. Dans ces moments, il ne faut surtout pas chercher à fuir, m'a-t-il expliqué. Il faut se confronter à la réalité. Je pense que c'est un homme qui a dû traverser beaucoup d'épreuves. J'ai été surprise lorsque j'ai appris qu'il travaillait dans un supermarché. Il n'a d'aucune façon le physique de l'emploi. Il s'est sans doute égaré. Une journée, il m'a proposé de faire l'école buissonnière. Nous sommes allés visiter une exposition de peinture. Cette soirée m'a procuré un grand bien. J'ai renoué avec le bonheur du temps où Claude cherchait à me séduire. J'ai cru retrouver mes vingt ans. Pourtant rien dans la conduite de Gilbert n'a laissé entrevoir ces intentions. Je suis déstabilisée par son attitude dont je ne sais si elle appartient au registre de l'amitié ou si elle est une manière subtile pour me faire tomber dans ses bras. Un autre homme aurait essayé de me prendre la main, mais Gilbert n'a esquissé aucun geste. Je me demande quoi penser de son comportement. J'ai fini par imaginer qu'il était homosexuel. Il est charmant tout en étant dans la retenue. Pourtant, il porte sur moi un regard attendri qui génère du désir. Je suis séduite par sa manière de me parler, par sa drôlerie et même par sa gaucherie. Sa maladresse me donne parfois l'impression d'être spectatrice d'un film de Pierre Richard. Cela me fait sourire. Nous avons fini par abandonner le cours et nous laisser vivre au grès de nos envies. Sans Gilbert, je n'aurais jamais osé me le permettre. J'ai trouvé avec lui une forme de liberté qui m'apporte dans ma semaine du baume au cœur. Pour la première fois, lors de notre souper, j'ai bien senti qu'il a cherché à approcher sa main de la mienne avec beaucoup de discrétion. Il me sait mariée, mais il a aussi appris à connaître mes désirs. Je me suis tant répandue sur mon cas qu'il a compris ma situation et ma fragilité. Il a saisi mon besoin d'être désirée. Je le vois par ces gestes attentionnés. Il a pris de l'assurance lui qui paraissait timide à nos débuts. Je le constate par une certaine liberté dans sa manière de me parler comme si nous nous fréquentions depuis longtemps. J'éprouve du réconfort et j'en oublie qu'il est un étranger. J'ai fini par être séduite au point d'avoir envie de me rapprocher de lui. Je sais très bien qu'il hésite à commettre un geste qui pourrait bouleverser notre relation. C'est donc moi qui le poserais. C'est un risque que je prends, mais mon corps endormi s'est éveillé et il a besoin d'être aimé. J'ai glissé ma main dans la sienne l'autre soir au restaurant. J'ai vu son regard changer et ses yeux se fixer sur les miens avec une grande intensité comme peu d'hommes l'avaient fait avant lui. Je l'ai mis en confiance et cela a transformé le cours de la soirée. En sortant, il s'est approché de moi et je l'ai embrassé. La jeune fille que j'étais s'est à nouveau incarnée dans le corps de la femme que je suis devenue. Nous avons convenu que j'irais souper chez lui la semaine prochaine. Cela a éveillé en moi une certaine euphorie sans pour autant éprouver de l'amour. Je ne pensais pas vivre une pareille rencontre avec un homme. Gilbert m'apparaît comme ami de longue date dont je désire qu'il soit mon amant. Claude m'a fait remarquer que les cours de dessins me réussissent bien, bien plus que le sport que nous pratiquions le jeudi ensemble. Je n'ai pu que sourire. J'ose espérer que je n'ai pas trop rougi. Mélanie me sert parfois d'alibi surtout si je rentre un peu plus tard que prévu. Tu te rappelles de Mélanie celle dont tout le monde prédisait qu'elle serait la future championne nationale de natation. Il y a un mois, nous nous sommes revues par un pur hasard. Elle dirige une salle de sport non loin de mon bureau. Nous nous rencontrons de temps en temps sur l'heure du midi. Tu t'imagines, j'en suis arrivée à devoir protéger mes escapades. Je me dois de ne pas éveiller les soupçons lorsque mes soirées avec Gilbert finissent tardivement. Gilbert habite dans un petit appartement assez coquet pour un homme célibataire. Je m'y suis sentie à mon aise, même si au fond de moi la situation me gênait. N'eût été la présence de Gilbert, je me serais enfuie après le repas. Gilbert a cuisiné avec simplicité, mais avec beaucoup de goût une daurade servie avec une ratatouille. Nous n'avions pas beaucoup de place où nous asseoir hormis le canapé, où nous nous sommes installés nous faisant face sans voix. Nous qui avons l'habitude de beaucoup parler nous étions à nous regarder sachant bien que le dîner n'était pas la seule raison de notre rencontre. Malgré le malaise que je percevais, j'avais envie qu'il me prenne dans ses bras. Finalement, nous nous sommes rapprochés et il m'a embrassé. Pour la première fois, Gilbert a été entreprenant, mais avec toute la délicatesse qui le caractérise. J'ai senti sa main se glisser à travers l'ouverture de mon chemisier et les boutons se détacher. À moitié dénudés, nous avons rejoint sa chambre. Ma maladresse me faisait penser à ma première fois. En même temps, j'avais envie qu'il me fasse l'amour intensément. Malheureusement, je n'étais pas prête à ce que nous passions à l'acte. Gilbert a compris que cela n'irait pas plus loin. Il a fait ce qu'il fallait pour me rendre à l'aise et me conduire à l'extase. Je ne m'étais pas sentie aussi bien depuis longtemps. J'aurais souhaité passer la nuit dans ses bras, mais je ne le pouvais pas. D'autant plus que je craignais qu'au petit matin, je finisse par regretter ce qui s'était produit. À mon retour, alors que je roulais assez vite, je fus prise par l'angoisse comme une jeune gamine qui avait commis une bêtise. Pour autant, je me sentais à moitié coupable puisque l'acte n'avait pas été consommé. Qu'importe, mes écarts de conduite, Gilbert m'apportait un bien-être et c'était là le plus important. Nous avons pris l'habitude de nous revoir sans que le sexe accapare nos rencontres et ce n'est pas faute de désir. J'ai peur d'y prendre goût et ne plus arriver à me détacher de cette relation. Je sens bien que pour Gilbert la sexualité est importante et qu'égoïstement je le prive de son plaisir. Mais c'est le prix de notre liaison. Je crois qu'il a fini par l'accepter. Il ne cesse de me surprendre. Parfois, j'en ai peur. J'ai le sentiment qu'il exerce une emprise sur moi à mon propre insu. Il possède cette capacité de nous convaincre du bien fondée de sa pensée que nous ne pouvons pas faire autrement que de suivre le chemin qu'il nous indique. Je me fais des illusions sans doute, mais j'ai l'impression d'avoir changé depuis que je l'ai rencontré. Mon regard n'est plus tout à fait le même, bien que je conserve le contrôle sur ma destinée et mes désirs. J'ai appris à avoir du recul sur les événements et à prendre davantage soin de moi. Le chemin est encore long pour que la mère, l'épouse et la femme aient chacune leur place. J'ai espacé nos rencontres à présent que la session des cours de dessin est finie. J'angoissais à l'idée de tomber amoureuse. Il ne suffit pas de générer une distance entre moi et lui pour espérer que rien ne se produise. La force des sentiments peut nous bousculer. Je m'interroge si Gilbert est prêt à partager sa vie avec une amoureuse. C'est un solitaire qui vit dans un univers dans lequel il n'y a pas une place pour une femme. Cela étant dit, nos rencontres me manquent. Heureusement, la vie reprend son cours et nos habitudes viennent nous apaiser. Mon travail est redevenu une passion depuis que je suis affectée au département de recherche ce qui me permet d'accepter plus facilement la distance que je me suis imposée avec Gilbert. Il m'envoie, à l'occasion, des courriels dans lesquels il me fait part de son souhait de me revoir. Je ne veux pas me laisser entraîner dans une relation qui pourrait perdurer dans le temps sans aucune issue possible. Nous avons eu des moments heureux, il est tant que je tourne la page. Je ne sais pas comment le lui faire comprendre, sans le blesser. Je crois que la meilleure solution est encore le silence.

Je t'embrasse avec toute mon amitié

Clara

## Gilbert à son dictaphone

En m'inscrivant à ce cours de dessin, je me suis mis à croire que demain j'arriverai à dessiner avec aisance au point qu'aucun d'obstacle ne freinerait ma créativité. J'oubliais que dessiner c'est plus qu'un don c'est aussi une technique qui nécessite un long apprentissage. J'ai toujours rêvé d'avoir un talent artistique qui susciterait l'admiration. L'art plus que l'écriture est imagé. D'un coup d'œil, il provoque l'adhésion ou le rejet même si de nos jours beaucoup cherchent à l'intellectualiser sous prétexte qu'il faut comprendre ce que l'artiste nous dit pour mieux apprécier son œuvre. C'est ainsi qu'une toile noire devient un chef d'œuvre et conduit ce qui s'en moque à être traité d'ignorant. Notre monde est régi par des règles et des dogmes qui ont formaté nos sociétés. Penser en dehors de ces règles entraîne bien souvent l'exclusion. C'est sans doute la raison pour laquelle j'apprécie ma solitude, car elle m'a permis de me libérer de ces chaînes qui nous privent de réfléchir librement. Dès lors, il est facile de comprendre que les institutions d'enseignement m'ont toujours semblé des prisons. Je me demande d'ailleurs quelle idée m'est passée par la tête de m'inscrire à ce cours. Le lieu est une vaste pièce avec de hauts plafonds qui peuvent faire penser à une demeure ancienne dont on a vidé tout le mobilier. Les vitres datent d'une époque lointaine et par conséquent, bien qu'il y ait du chauffage, on est victime de désagréables frissons qui rendent les exercices de crayonnages difficiles d'autant plus que les bouts de doigts sont glacés. Les élèves, dont la plupart sont des têtes grisonnantes, sont très assidus à leur travail écoutant le professeur religieusement. Les leçons sont répétitives au point de ralentir le rythme de la formation. J'ai fini par m'interroger sur la valeur de mon investissement. De toute manière si les choses finissent par stagner, je prendrais la poudre d'escampette. Ce moment se présenta plus vite que prévu. C'est Clara qui m'en offrit l'occasion. Je ne sais pour quelle raison, je me suis laissé charmé par cette femme. Pourtant, je n'aurais pas spontanément détourné mon regard si je l'avais croisée dans la rue. Clara n'était pas en harmonie avec elle-même. Cela s'entendait dans sa voix qui dénotait de l'impatience. Sa situation l'avait conduite à prendre ces distances avec ses congénères tout en étant prête à donner la main à celui qui la lui tendrait. Cette instabilité émotionnelle qui l'agitait m'incita à me tourner vers elle. J'ai toujours eu le sentiment que je pouvais éclairer le chemin de ceux que je croise. Les rencontres inattendues ne sont pas le fruit du hasard. Le destin a le secret d'orienter nos routes. Je sentais bien que Clara avait choisi ce cours comme une échappatoire bien plus que pour une envie de peindre. Clara ressemblait à beaucoup de femmes de sa génération prise dans le carcan d'une vie agitée par leur travail et leur famille tout en ayant le désir de s'épanouir sans jamais trouver l'équilibre. Elle pensait fuir sa situation en s'adonnant à diverses activités, alors qu'elles ne sont en réalité qu'une autre forme de prison. La solution consistait à se défaire de ses attaches et se laisser porter par le temps au grès de ses envies. Si ses responsabilités rendaient une telle action difficile, Clara devait s'offrir la possibilité de se le permettre de temps à autre. Se libérer de ce cours en était une occasion. C'est ainsi que je l'invitai à faire l'école buissonnière. Elle parut hésitante à la manière d'une jeune écolière même si son regard exprimait un désir de liberté. Pour ma part, j'étais convaincu que je pouvais lui apporter un peu de lumière dans son existence en plus de me permettre une aventure qui autrement ne pouvait être vécue que par l'entremise de mes écrits. Quel doux plaisir, lorsque la fiction rencontre la réalité ! C'est ainsi que naquît une nouvelle vie pour nous le jeudi. Ma spontanéité qui m'avait conduit à cette improbable histoire et l'enthousiasme qui en avait découlé m'avaient fait oublier l'angoisse que les prochains rendez-vous pouvaient engendrer. Le fait de retrouver Clara ne suffisait pas à me rassurer si j'ignorais de quoi seraient faites nos soirées. Déambuler dans la ville ne faisait pas partie de mes plaisirs. Si notre première rencontre eut lieu au Musée des Beaux Arts, les suivantes commencèrent toujours par le salon d'un de ces nouveaux hôtels à la mode ; un "lounge-bar" comme on dit de nos jours. Au début, je me trouvais un peu gêné de rentrer dans ce lieu n'ayant pas le profil et l'esthétique de ceux qui le fréquentent. Cela faisait longtemps que je n'avais plus arboré de costume. Celui que je portais n'était plus au goût du jour, mais son classicisme sauvait la mise. Habillé ainsi, j'entrais plus encore dans le rôle du personnage que j'aurais souhaité être, ce séduisant marquis d'une époque révolue. J'ignorais où me conduiraient ces confidences, mais j'aimais entendre Clara m'entretenir de sa vie. L'absence du sentiment amoureux rendait la situation plus apaisée. Je ne craignais pas le faux pas ou de prononcer le mot de trop ou paraître maladroit émut par le cœur qui bat. Il suffisait d'être moi même et de me laisser porter par les événements. L'existence de Clara était agitée par ses tourments. Pourtant de prime abord, rien ne laissait transparaître son malaise. Sa carrière avait atteint son firmament. Elle vivait dans une belle demeure et possédait un chalet dans le nord. Elle avait un mari attentionné et aimant et deux beaux enfants. Cependant, le confort d'une vie bien réussie se produit parfois au détriment de son propre épanouissement. L'image d'une famille idéale et d'un couple assorti n'est qu'une façade. Clara ne semblait plus y trouver son compte. Elle parlait souvent de son mari et de ses qualités comme pour l'excuser de son éloignement. Je voyais bien la fissure poindre à l'horizon et l'effort qu'elle déployait pour colmater la brèche. Je m'étonnais qu'après de nombreuses années de vie commune que son mari puisse ignorer ce qui se jouait. Il est difficile de croire qu'il n'ait pas décelé le malaise de Clara. Je supposais que sa situation intérieure devait engendrer autant d'inconfort. À la différence de Clara, il avait dû s'enfermer dans une tour d'ivoire qui le maintenait à distance des signaux émis par son environnement. Dans un pareil cas de figure, les conseils se doivent d'être bien réfléchis au risque de provoquer un séisme. La vie m'a enseigné que dans une telle configuration, il est préférable de prendre le large sans pour autant abandonner le navire. Dans les circonstances actuelles, il était difficile pour Clara de garder de la distance entre elle et le monde qui l'entoure. Sa récente promotion exigeait de plus grandes responsabilités et une obligation de tenir ses activités secrètes. Le silence que recommandait la nature de son emploi avait ajouté de la pression supplémentaire. Clara se devait d'être vigilante. Je m'interrogeais sur ce qu'espérait Clara de notre relation. Pour ma part, mes intentions paraissaient tout aussi nébuleuses. Pour l'instant, le plaisir de la compagnie de Clara me suffisait. J'avais épousé le rôle de confident même si cela pouvait compromettre notre liaison. Lorsque vous accueillez les confessions d'une femme, vous détenez sur elle un pouvoir, mais vous avez aussi le devoir de ne pas abuser de sa faiblesse. Si elle vous donne sa confiance, c'est que bien souvent elle ne souhaite pas vous en offrir davantage. Pour nos premières rencontres, j'essayai d'apporter un éclairage nouveau à sa situation. Je n'avais aucune certitude de lui indiquer la bonne route. Le regard que je porte sur sa vie, n'est-il pas déformé par le prisme de mes propres expériences ? J'ai toujours craint d'entraîner mon interlocuteur, trop loin, sur des chemins qu'ils auraient sans doute évités. Cependant, de jeudi en jeudi, mon désir a grandi. Je me suis détaché de mon rôle et j'élargissais nos conversations. J'avais envie de mieux la connaître. À fréquenter Clara, j'ai appris à la découvrir et à apprécier ses sourires en coin, son regard coquin, son défaut d'avoir constamment quelque chose à jouer entre ses mains, ses grimaces, lorsqu'elle est contrariée, tous ces petits gestes finissent par créer une familiarité et établissent une communication entre deux êtres. Je suis souvent surpris par la manière dont les relations se nouent alors qu'à première vue je les croyais infaisables. Nous avons tous nos préjugés, nos préférences, nos obsessions autant de balises qui nous privent d'une certaine audace.

Les sentiments connaissent des fluctuations jusqu'à modifier notre perception faite lors de notre première rencontre. Je ressentais du désir sans pour autant éprouver de l'amour. Pour la première fois, j'eus envie de l'embrasser, de la prendre dans mes bras et de la caresser. Je la savais mariée et pourtant je sentais dans son regard cette envie de partager ce même bonheur. Cependant, je fis preuve de retenue. Nul ne peut connaître vraiment les sentiments de ceux qui nous font face. Vu les circonstances, il fallait faire montre de prudence. Clara m'avait laissé sous-entendre sans être explicite ses problèmes de couple. Pour autant, elle ne souhaitait pas s'offrir à un autre du moins pour le moment. Clara s'est rapprochée de moi au point qu'il s'est installé une réelle familiarité entre nous qui est des plus agréable. Nous nous parlons sans crainte comme de vieux amis. En même temps, nos gestes, nos regards, nos sourires complices montrent que nous attendons plus que de l'amitié. Malheureusement, ma timidité et ma maladresse me rendaient hésitant à déposer un baiser sur ses lèvres ou lui prendre sa main. La peur de commettre un impair me réfrénait. Je voulais lui faire comprendre que je la désirais sans compromettre notre relation. Puis il y a eu notre dîner dans un grand restaurant. Ce soir- là, Clara avait changé. Elle avait déposé ses soucis à l'extérieur. Elle rayonnait, maquillée juste ce qu'il faut, les cheveux dans un désordre organisé et ses yeux pétillants. J'en étais intimidé. J'avais l'impression d'être entré dans un film de Claude Sautet à la différence que je n'avais pas la prestance de Yves Montand ou le charme de Samy Frey. Dans ce lieu feutré où la musique se percevait à peine, sa voix radiophonique m'a fait vibrer. On oublie souvent que l'expression vocale à un pouvoir de séduction aussi fort que peut l'être un regard. D'autant plus qu'elle posait sa voix de manière envoûtante. On voyait bien que l'angoisse et le stress s'étaient dissipés. Elle s'était détachée de son monde pour marquer sa présence de façon pleine et entière. Jamais le désir pour une femme n'avait éveillé un aussi grand intérêt. Pour éviter à ma confiance de m'échapper, je me suis à nouveau glissé dans la peau du marquis que j'aurais aimé être. Je l'ai courtisée d'une manière éculée, mais que je trouve si poétique. J'hésitais à lui prendre la main jusqu'à ce que je sente ses doigts se glisser entre les miens. Mon regard s'est posé sur elle et elle m'a souri. Nous n'étions plus les amis du jeudi. Nous vivions une romance qui s'est terminée par un long baiser. Malgré le froid mordant, nous avons marché durant quelques instants collés l'un contre l'autre baignés par les lumières des lampadaires et par la blancheur de la neige. Le jeudi suivant, j'ai invité Clara à dîner chez moi. Je ne sais ce qui m'a traversé la tête puisque je me refusais de recevoir des convives. Je souhaitais préserver mon intimité loin de tout regard. Plus les heures de son arrivée approchaient, plus je ressentais une certaine angoisse. Je me demandais si à la dernière minute elle ne se déroberait pas. Une semaine s'était passée depuis notre rencontre au restaurant. Tout avait pu se produire durant ce laps de temps et le désir se dissipait. Une mauvaise journée pouvait nous gâcher notre souper. Clara, qui paraissait un peu inquiète en arrivant, s'est vite détendue. Nous nous sommes laissés porter par la soirée jusqu'à ce que nous nous retrouvions à moitié dénudés dans les bras l'un de l'autre pour finir enlacés sur mon lit. En me quittant, je ne savais si je reverrais Clara. Notre relation a perduré pour un certain temps avant de rapidement s'étioler. Elle a cessé de répondre à mes courriels. C'est alors que j'ai compris que la parenthèse se refermait. Me détacher de cette histoire parut plus difficile que je ne l'aurais cru. Je finis par reconnaître que ma vie ressemble à un quai de gare où les gens rencontrés ne sont que des passagers qui attendent de monter dans le train de leur destinée.

**Ma chère amie,**

Je suis dans l'avion qui me ramène à Montréal. Je m'empresse de t'écrire tant je suis bouleversée par mon séjour à Toronto. Depuis que j'ai pris la direction du département de recherche, ma vie a basculé. Je finis par penser que Gilbert avait raison. Il suffit parfois d'un événement qui a priori ne devrait pas avoir de conséquences sur le cours de notre vie pour que tout chavire. D'ailleurs, je me demande si c'est réellement ma promotion qui explique ce changement ou bien ma rencontre avec Gilbert. Il a modifié mon regard sur mon existence et sur qui je suis. Il y a deux semaines, la direction m'a confié une mission, celle de convaincre la maison mère de financer les recherches prometteuses que nous avons entreprises à notre laboratoire de Montréal. Je savais que la tâche allait être ardue. De nos jours, les intérêts dépassent le simple fait monétaire, ils sont aussi idéologiques. Ces découvertes conduiront à un bouleversement important, si ce n'est planétaire. Malheureusement, les écologistes et les mouvements qui gravitent autour ne reconnaîtront pas leurs caractères révolutionnaires. Ils préfèrent nier le progrès et nous projeter dans le néant. Il me fallait bâtir un argumentaire solide et paraître convaincante. J'appréhendais la tâche, même si ce n'était pas la première fois que je me livrais à un tel exercice. La pression allait en grandissant, car je tenais entre mes mains le destin de toute une équipe dans laquelle se trouvent les meilleurs chercheurs industriels en devenir. J'ai pensé à Bianca et à Samy tout juste arrivés depuis un an qui voient en ce projet beaucoup de promesses. Je me devais de ne pas décevoir tous ceux qui croient en moi et sont fiers que je sois leur directrice. Il me fallait avoir le doigté nécessaire pour réussir ma mission puisqu'il fallait évoquer le projet sans préciser sa vraie nature. Le laboratoire de Montréal a une certaine indépendance, mais son financement est relié à la maison mère de l'entreprise à laquelle il est associé. Tout cela est un peu compliqué. Tu me permettras de ne pas m'étendre sur le sujet. Dès le lendemain où j'apprenais ma mission, j'ai senti le stress me gagner. J'ignorais comment j'allais construire mon argumentaire. Pour la première fois, j'ai manifesté de l'impatience envers les enfants et fait des remontrances à Claude qui comme à l'accoutumée a essayé de me rassurer, mais en vain. Je ne trouvais pas la quiétude nécessaire bien que je passais mes journées enfermées dans mon bureau à échafauder différentes stratégies pour réussir à convaincre et à démontrer que les travaux vont dans le sens des tendances actuelles. Je devais surtout me préparer à parer les coups de la partie adverse qui cherchera à en savoir plus sur le projet. Une fois encore je me retrouvais bien seule. J'aurais demandé à ma collaboratrice d'analyser la tactique que j'ai conçue, mais elle est formée au même moule que le mien. Il me fallait quelqu'un de l'extérieur pour avoir une vision différente sur ce travail et prévoir les écueils qui m'attendaient. J'ai pensé à Gilbert. Il est l'homme dont son point de vue sur le monde finit toujours par nous manquer. Je savais que je contrevenais à ma déontologie en mettant un inconnu dans la confidence. Pourtant, j'avais la certitude qu'il m'aiderait à aborder mon argumentaire sous un angle nouveau. Le risque que je prenais était calculé puisque Gilbert méconnaissait ce que nous développions. Pour éviter que Gilbert croit que je souhaite renouer notre relation, j'ai décidé de lui proposer de travailler pour moi et de m'accompagner à Toronto. Cela lui changera de son supermarché qui doit l'ennuyer à mourir. Je le payerais à même mes propres fonds. Je savais qu'une telle entreprise peut paraître hasardeuse, mais la vie ressemble à un jeu de dés et j'étais prête à parier. Gilbert est un homme en qui j'ai confiance, il acceptera de m'aider. La conversation fut amicale. Gilbert ne montra aucune animosité à mon égard. Tout au contraire, il exprima un certain bonheur d'avoir de mes nouvelles. Il a été surpris par ma proposition. S'il s'est senti honoré, il jugeait qu'il manquait de compétences pour un tel défi. Je le soupçonnais de faire preuve de fausse modestie. Il attendait sans aucun doute que je le complimente sur ses capacités d'analyses et sur sa manière particulière de penser pour accepter. Ce que je fis en insistant sur l'importance de son rôle. Il a fini par céder à ma demande. Le chalet devint notre quartier général. C'était sans doute le lieu le plus propice afin que personne ne puisse se douter qu'un nouvel acteur intervienne dans le processus. C'est en soirée que nous sommes arrivées au chalet. Je craignais que les voisins puissent me voir en compagnie d'un autre homme. Le pavillon était un peu engouffré dans le bois ce qui permettait une certaine discrétion même si la maison la plus proche se trouve à une encablure derrière des arbres dénudés. C'est lorsqu'on pense avoir pris toutes les précautions voulues que survient un événement inattendu. On a sonné à la porte. J'ai invité Gilbert à se réfugier aux toilettes. C'était Aline. Ayant vu de la lumière, elle était venue m'apporter un morceau de tarte aux pommes qu'elle avait tout juste préparée. Aline est une sacrée voisine, très volubile, que je croyais partie en Floride. Tu peux imaginer que le pauvre

Gilbert est resté enfermé plus d'une heure. Après son départ, Gilbert et moi avons bien ri de la situation. Au cours de cette semaine, je n'ai pas pu résister au charme de Gilbert. Le travail intense et les échanges constants nous mettent dans une dynamique d'excitation qui génère de l'adrénaline. Nous nous trouvons en symbiose avec notre partenaire à un point tel qu'une fois la pression relâchée, nous avons envie de nous trouver dans ses bras. En plus, Gilbert a cette façon si particulière de me parler que cela éveille mon désir. Jamais, je n'ai éprouvé un aussi grand plaisir à faire l'amour que ces quelques jours passés au chalet. Malgré nos différences, sa compagnie m'est agréable. Avec lui, le temps semble s'arrêter et l'on goûte à la vie dans toute sa simplicité sans obligation et sans tracas. La proximité que nous avions depuis trois jours, isolés du monde, a troublé notre rencontre. On a tendance à minimiser une aventure pensant que cela n'est qu'un moment de plaisir pour nous redonner goût à l'existence. En réalité, il se noue parfois des relations plus profondes. Cette once d'amour, qui peut germer, devient comme une mauvaise herbe qui peut grandir rapidement. Je l'avais toujours craint depuis notre première rencontre et pourtant j'ai une fois encore voulu jouer avec le destin. Heureusement que l'appel sur Skype de Claude et des enfants me ramenait à la réalité. En même temps, cela me montrait qu'une vie loin de la famille pouvait être envisagée. Mais pour combien de temps ? Il est difficile de se détacher de ses enfants et ne les voir qu'une semaine sur deux. Les premiers mois d'une relation connaissent d'intenses moments, mais si la passion ne se traduit pas en une complicité, le navire ne prend pas la mer. Gilbert ne pourra pas être le marin avec qui je voguerais. Il restera une escale dans ma vie. Je crus préférable d'éviter de rester le week-end et de rentrer dès le vendredi soir. Lundi, nous devions partir à Toronto. Cependant, Gilbert n'était pas convaincu que sa présence soit requise à présent qu'il avait réussi à me conseiller dans l'approche à envisager et m'avait préparée à affronter mes contradicteurs. Pourtant, j'avais besoin auprès de moi d'une personne sur laquelle me reposer. Nul n'est à l'abri d'une défaillance. Je sentais Gilbert hésitant. Les voyages ne semblaient pas être sa tasse de thé. Je compris très vite que l'avion représentait un obstacle majeur. Cela tombait bien, je pensais qu'il était préférable que nous n'arrivions pas en même temps. Gilbert prendrait le train. À Toronto, j'avais réservé deux chambres. Je souhaitais être seule pour mieux me préparer. Gilbert n'est pas mon mari pour que nous partagions la promiscuité d'une chambre d'hôtel. J'avais besoin de prendre mes aises. Je fus décontenancée par ma première journée à la maison mère. Je fus reçue de façon confidentielle dans un petit bureau par une une certaine Gwendoline Lonescu. Je m'attendais à devoir faire face à un comité présidé par la direction, mais leur stratégie semblait différente. Pour autant, je ne fus pas déstabilisée par la situation. Je fus davantage perturbée par madame Lonescu. J'explique difficilement ce qui s'est produit. Lorsque la réceptionniste a ouvert la porte du bureau pour m'introduire, j'ai été saisie par son regard azur, son sourire invitant et sa manière d'incliner sa tête pour replacer sa chevelure. Je n'imaginais pas succomber au charme qui émanait de sa beauté et de son élégance. Cette sensation était sans nul doute l'effet de surprise. Nous avons toutes, un jour ou l'autre, éprouvé de l'admiration devant la grâce d'une actrice, cherchant à vouloir lui ressembler. C'est comme si la porte se serait ouverte sur Nicole Kidman avant que sa chirurgie esthétique n'abîme son visage. Pourtant, le désir que je ressentais était d'un tout autre ordre, au point de sentir un certain malaise. Tout au long de la journée assise à ses côtés, les effluves de son doux parfum m'embaumaient. La senteur paraissait d'autant plus forte que j'avais évité de me parfumer. Gilbert me l'avait suggéré. La puissance des odeurs peut influencer le comportement. Il n'avait pas tort. Le parfum de madame Lonescu invitait à la rêverie en même temps que d'éveiller plus encore mon désir. Le soir venu, je n'osais pas en parler à Gilbert. Il a dû s'apercevoir de mon malaise. Si notre rencontre fut brève, ma nuit fut longue. Je n'arrivais pas à expliquer ce qui était en train de se jouer. Une énergie avait envahi mon corps devenu fébrile. J'avais l'impression de revivre les premières émotions amoureuses de mes quinze ans. Je ne pensais d'aucune façon que quelque chose de semblable puisse se produire qui plus est pour une femme. J'étais profondément troublée. Comment un éveil pour le même sexe a-t-il pu surgir alors qu'il ne s'était pas manifesté auparavant ? Pouvais-je être attirée autant par les hommes que par les femmes ? Je croyais que la bisexualité féminine était un fantasme de jeunes garçons. J'ai été prise par l'envie d'aller sur internet, mais je me suis ravisée. Je risquais d'y passer la nuit à essayer de comprendre. Je me demandais si finalement la distance sexuelle que j'avais avec Claude n'était pas due au fait de cette ambivalence. Est-ce que j'avais fait de Gilbert mon amant pour me prouver le contraire ? Comment expliquer cette soudaine attirance alors que le week-end avec Gilbert avait satisfait mon appétit sexuel ? Peut-être étais-je en train de mélanger sentiment, désir, sexualité et amour ? Au cours de notre jeunesse, nous avons partagé plusieurs fois le même lit sans que j'eusse envie de me blottir dans tes bras ou t'embrasser et pourtant ta beauté aurait pu me faire tourner la tête. Je suis sans doute perturbée par tout ce que je vis en ce moment. Certains diront que c'est la crise de la quarantaine. À la réunion suivante, le désir s'est à nouveau manifesté. Je craignais que ma fragilité transparaisse au risque de manquer de convictions. J'avais l'impression d'entendre des trémolos dans ma voix d'autant plus lorsque nos mains se sont croisées et son regard m'a déshabillé. Au cours de la journée, la peur a été évacuée ce qui me permis une plus grande concentration. Gwendoline est une femme intelligente, à l'esprit vif qui lisait entre les lignes de ce que je lui expliquais. Cependant, de la manière dont elle orienta la discussion, je compris que les subventions dont on avait besoin ne seraient pas accordées. Ma carrière et qui j'étais avaient plus d'importance à ses yeux. Je ne pouvais plus la ramener vers le sujet principal, notre projet. Pour notre dernière journée, elle m'a invité à souper . Elle a précisé que si l'on ne pouvait pas se réjouir de l'attribution d'une aide financière, nous pouvions célébrer le plaisir de s'être rencontrée. J'ai accepté sans même réfléchir. Je suis arrivé au bras de Gilbert sans doute par provocation ou pour me protéger. Je l'ai présenté comme un ami qui était lui aussi de passage à Toronto. Tout au cours du repas, je me suis aperçu que Gilbert avait développé une certaine attirance pour Gwendoline. Elle semblait séduite, mais sans jamais me quitter du regard. J'aurais pu me sentir exclu mais ce ne fut pas le cas. Je me suis jointe à leur conversation, animée par un sentiment de jalousie sans savoir si c'était envers Gwendoline ou Gilbert. Une chimie toute particulière s'est établie entre nous. Dans quel jeu pervers avais-je entraîné

Gilbert ? En même temps, Gwendoline ne s'effaçait pas de mes pensées. Gilbert la faisait rire. Cela m'amusait. Gwendoline ne cessait de me regarder avec de petits sourires auxquels je ne pouvais résister. Elle avait dû remarquer que je m'exprimais peu et que je les observais davantage. À la fin du repas, Gwendoline nous proposa de se rendre dans une boîte à la mode. J'aurais pu refuser l'invitation invoquant la fatigue. Cependant, je ne sais pourquoi, j'avais envie de danser. Gilbert chercha à se défiler, mais je l'ai retenu. Je ne voulais pas rester en tête à tête avec Gwendoline. J'avais trop peur de moi. Tout peut arriver dans une soirée arrosée et agitée. Cette nuit-là, je suis redevenue une jeune fille de vingt ans. Je me suis laissée porter par la musique et l'alcool. Je me suis défoulée à danser sous les yeux médusés de Gilbert. J'avais entraîné dans mon sillage Gwendoline qui s'était rapproché de moi à une distance que j'aurais préférée plus grande si l'ambiance du lieu ne favorisait pas la proximité. Gwendoline a fini par déposer un baiser sur le coin de mes lèvres sans que je la repousse. Ce soir-là, j'avais l'impression d'avoir relâché toute la pression qui pesait sur mes épaules depuis trop longtemps. En fin de nuit, Gilbert nous appela un taxi, car Gwendoline ne pouvait pas conduire. À notre hôtel, Gwendoline ne souhaita pas rester dans le taxi. Je pouvais la comprendre. Dans l'état où nous étions, un chauffeur malintentionné aurait pu abuser d'elle.

Elle m'a pris la main et nous avons rejoint ma chambre. J'imagine ce que Gilbert a dû penser lui que nous avons abandonné à sa solitude. Nous nous sommes retrouvées presque nues dans le même lit. Malgré la fatigue, nos yeux brillaient et se fixaient. Gwendoline a glissé ses doigts le long de mon corps sans que je la dissuade, elle s'est rapprochée de moi et a déposé un baiser sur mes lèvres. J'aurais pu ressentir du dégoût de la peur, mais l'énergie que j'avais mise à danser avait détendu mon corps et libéré mon esprit. Ce n'est pas pour autant que j'allais lâcher prise. Pourtant le désir montait en moi. L'alcool a la particularité de nous désinhiber. Cependant, je n'avais pas bu suffisamment pour avoir perdu ma lucidité. Ce soir-là, le monde avait disparu dans la nuit. J'étais seule avec Gwendoline. J'ai cédé à ses avances. J'ai oublié mes appréhensions et je me suis laissée embrasser alors que ses caresses faisaient frissonner mon corps. J'ai osé lui toucher son visage et ma main s'est mise à courir jusqu'à son sein. Ce fut des instants forts et brefs, car la fatigue nous conduisit à nous endormir dans les bras l'une de l'autre. Heureusement au matin Gwendoline avait déjà quitté le lit pour la douche. Autrement, j'ignore comment j'aurais réagi si je m'étais réveillée à côté d'elle. J'avais mal à la tête. J'étais éreintée par la soirée de la veille pour quitter ma couche. Lorsque Gwendoline m'a rejoint dans la chambre, elle a laissé glisser sa serviette de bain sans pudeur et s'est habillée. Elle a déposé sur mes lèvres un furtif baiser et elle est partie. Je ne savais plus où se trouvait la réalité de la fiction. J'ai quitté Toronto avec encore plus de questions sur la vraie nature de ma personnalité.

Je t'embrasse avec toute mon amitié

Clara

## Gilbert à son dictaphone

La rencontre avec Clara a éveillé ce rêve que je chéris depuis longtemps, celui d'être indépendant de fortune, posséder une agréable demeure en bord de mer dans laquelle je recevrais au gré de mes envies amis et amantes. J'avais besoin de me sentir libre pour imaginer ma vie selon mes fantaisies, courtiser toutes celles qui croiseraient ma route, organiser des soirées dans mes jardins embaumés par le jasmin et les effluves provenant du large. Cependant, ma réalité était tout autre. Elle manquait cruellement de charme. J'étais prisonnier d'un petit appartement et d'un emploi qui tôt ou tard susciterait mon impatience. Mon écriture ne bourgeonnait pas. Il me manquait les ressorts nécessaires à forger une intrigue qui déboucherait sur une histoire prenante. Je cherchais à exprimer le désir amoureux, mais je faisais preuve de maladresse. D'ailleurs que savais-je de l'amour pour écrire sur le sujet ? La seule rencontre marquante dans ma vie dura un an et prit fin dans un fracas qui a laissé des traces. Ma compagne signifia notre rupture par une description de celui que j'étais qui aurait éloigné quiconque qui souhaitait s'approcher de moi. J'eus l'impression qu'elle exprimait la rage de s'être trompée. Ses espérances me concernant avaient pris de trop grandes proportions. Le courage de la mettre en garde m'avait manqué. Je ne pouvais pas répondre à toutes ses aspirations. Je n'étais pas un personnage de roman pas plus qu'un héros d'une série télévisée. Je pensais que mon amour suffisait. Sans doute, je n'ai pas su gagner ma place au sein de mon couple. Mon travail accaparait mon temps. Pour autant, je me démenais pour être présent. J'avais besoin d'amour, mais j'avais aussi envie d'en donner. Elle avait transformé notre union en un couple branché ce qui me gênait. Toutes ces soirées auxquelles elle était invitée où la sincérité n'avait pas le droit de citer m'exaspéraient. Ces rencontres ressemblaient à des jeux de rôles et de pouvoir. Déjà, je constatais cela au bureau pour y goûter encore lorsque je sortais avec elle. Elle n'arrivait jamais à se défaire de l'image qu'elle s'était construite. La sexualité ne s'est jamais bien passée. On reproche aux hommes d'être pressés et de se laisser influencer par la pornographie sans imaginer qu'une femme pouvait endosser un pareil rôle. Elle en était un exemple. Avec elle, j'avais l'impression d'entrer dans un jeu pervers de position qui la poussait à émettre des cris dont je doutais qu'ils traduisaient un réel plaisir. La vérité et la fiction se confondaient. J'ignore comment cela a pu durer un an. Notre rencontre n'aurait jamais dû advenir si les milieux auxquels nous appartenions ne nous conduisaient pas à nous mentir sur nous-même. Nous adoptions des postures dans lesquelles je me suis toujours senti mal à l'aise. Si le monde du supermarché ne représente pas un environnement épanouissant au moins les gens que je côtoie vivent le mieux qu'ils peuvent avec eux-mêmes et leur réalité. Heureusement qu'il y a eu la rencontre avec Clara même si ce ne fut qu'une agréable passade. Elle a redonné de la vigueur à mes désirs. Je ne sais pas si de nouvelles occasions se manifesteront à nouveau. J'avais besoin de temps avant de m'engager dans une histoire d'amour. D'ailleurs, ma bohème peut-elle s'associer à la vie de couple ? J'en doute. Peut-être vaut-il mieux d'être deux âmes perdues à errer ensemble sur les mers d'impossibles espoirs que d'appartenir à des mondes opposés. Alors que la vie a repris son cours, il arriva un improbable événement. Je reçus un appel téléphonique de Clara. Ma surprise s'accompagna du plaisir d'entendre à nouveau sa voix. Elle me proposait de l'aider à organiser une présentation d'une haute importance contre une rémunération. De passer d'une relation amicale à une relation de travail ne m'enchantait pas. D'ailleurs, je m'interrogeais si j'étais suffisamment outillé pour prodiguer des conseils de cet ordre. Même s'il s'agissait de prendre soin davantage de la forme que du fond, j'hésitais à m'investir dans ce projet.

Clara insistait mettant en valeur mes qualités. Comme trop souvent, j'ai cédé sous la pression. Le fait d'être valorisé flatte notre ego et nous voilà pris au piège à accepter un contrat qui en d'autres circonstances nous aurions refusé. De toute façon, la présence de Clara suffisait à me contenter. Qui plus est, cela me changerait des boîtes à ranger sur les étagères. Je gardais l'espoir que les réunions ne s'en tiendraient pas à un cadre formel. Sinon je risquais de regretter ma décision. Avec cet engagement, il me fallait une entente avec mon patron pour m'absenter le temps nécessaire de compléter ma mission. La pénurie de main-d'œuvre jouait en ma faveur. Il préférera sûrement trouver un arrangement plutôt que je parte définitivement. Sinon au diable ce qui arrivera ! Le montant que me proposait Clara était assez généreux. Il me permettrait de m'organiser. Clara avait choisi son chalet comme lieu de travail ce qui nous mettait à l'abri de tout regard indiscret. Cependant, elle ne s'attendait pas à voir sa voisine frapper à sa porte. Cet événement, qui entraîna mon confinement dans les toilettes, m'apprit à connaître davantage la vie de Clara. Leur conversation avait pour sujet leur famille respective. Même si Clara me savait à l'écoute, elle ne put s'empêcher d'exprimer les difficultés de son couple. Elle présumait que l'attitude de son mari était liée à son travail. Il n'aimait pas sa profession même s'il l'exerçait avec beaucoup de sérieux. Son mari rêvait d'être architecte, mais n'avait pas pu entreprendre de telles études. Le métier qu'il pratiquait était un pis-aller dont il espérait qu'il ne dure qu'un temps avant de fonder son entreprise. La venue de leurs enfants a changé la donne. Depuis, il a dû se résigner comme un bon soldat sans rechigner ni faire part de son antipathie pour le métier dans lequel il s'était engagé. Il n'a jamais fait preuve de zèle pour envisager de gagner les échelons supérieurs. Il préférait la routine dans laquelle il s'était installé. Clara pensait qu'une fois loin de son travail, il retrouverait un certain entrain. Si cela s'est avéré au début de leur relation, ce n'était plus le cas aujourd'hui. Ce n'est pas pour autant que son mari exprimait sa mauvaise humeur. Clara souhaitait qu'il soit davantage à l'écoute de ses désirs et qu'il fasse preuve de tendresse comme par le passé. Mais c'était devenu moins fréquent. Je comprenais mieux encore la situation qu'elle vivait. Son désespoir l'avait poussée vers moi et une fois de plus c'est vers moi à qui elle tendait la main pour l'aider à traverser une épreuve. J'avais la certitude que si son mari lui ouvrait à nouveau ses bras, elle se précipiterait vers lui. Cependant, je doutais que cela se produise. Lui aussi avait besoin de reconsidérer sa vie, mais il paraissait moins enclin à entreprendre cette démarche, trop renfermé sur lui-même. Plus que quiconque, il s'abritait derrière le masque de la bienveillance. Lorsque je fus libéré de ma prison, j'eus le droit comme récompense à une part de tarte aux pommes.

Clara avait mis la musique de Matt Simons qui m'a fait traverser dans un autre monde. Je suis toujours étonné de voir une mélodie m'emporter vers les lieux qu'elle m'évoque. L'énergie qui en découle crée un profond sentiment de liberté. J'ai jeté un regard puis esquissé un sourire à Clara qui est venue se blottir contre moi. Je ne savais pas où nous conduirait cette nouvelle aventure, mais je la vivais aussi sereinement que j'ai vécu nos jeudis. Comme un professeur de théâtre, je préparais ma protégée pour le rôle de sa vie. Clara était une femme d'expérience, sûre d'elle, mais sans doute trop formatée par la machine universitaire, puis celle de l'entreprise. Il est donc difficile d'imaginer d'autres modes de fonctionnement et de surprendre. Clara l'avait compris. Elle acceptait de prendre des risques pour ouvrir de nouvelles voies. Après sa rencontre avec sa famille sur Skype, nous soupions au son de la musique. Tranquillement, elle se libérait de la carapace qui l'enserrait. Je n'aurais pas pensé que Clara, que j'avais connue dans la retenue, me conduirait à passer des soirées endiablées. Elle se comportait comme une jeune étudiante vivant ses premières aventures. Je ne cacherais pas que sa manière de me faire l'amour me plaisait. J'ai basculé dans son monde au point d'oublier qu'une vie en dehors de ce que nous vivions existait. Je savais que tout prendrait fin subitement. Je ne souhaitais pas prolonger notre rencontre. Le voyage à Toronto était

de trop. Clara a pourtant insisté et je n'ai pas pu résister.
Je n'ai jamais aimé les grandes villes d'autant plus que mon
anglais parlé était approximatif pour me sentir libre de
vagabonder au risque de me perdre. Je quittais très peu
mon hôtel, tout juste pour me promener dans le quartier.
Je n'ai vu Clara que la première soirée. Elle paraissait
bouleversée. Je ne soupçonnais pas alors l'ampleur de ce
qui l'agitait. Comme pour les sportives, la première
rencontre ne s'était sans doute pas déroulée comme elle
espérait ce qui a pu fragiliser sa confiance. Tel un bon
entraîneur, j'ai essayé de la rassurer. Pourtant, je voyais
bien que mes conseils ne produisaient pas les effets
escomptés. Le problème semblait d'un tout ordre sans
imaginer de quoi il s'agissait. Puis, il y a eu notre dernière
soirée. Je ne pensais pas me retrouver dans une situation
aussi délicate. J'ai eu un coup de foudre pour la femme avec
qui nous avions rendez-vous. Elle s'appelait Gwendoline.
Elle sortait de mon roman inachevé comme si la fiction
avait rejoint la réalité. Ce qui n'avait pu être fini d'être écrit
venait de traverser le miroir pour aller à ma rencontre. Elle
ressemblait à celle que pendant si longtemps j'ai cherchée.
Son regard m'éblouissait, son petit accent anglais,
lorsqu'elle parlait français, me séduisait et sa sensualité
sans aucune vulgarité me donnait envie de la désirer. Pour
ne pas laisser échapper cette belle sirène, je l'ai accaparée
tout au long du dîner. Bien que je voyais de la réciprocité

dans sa manière de se comporter, je ne pouvais pas ignorer les signes qu'elle faisait à Clara qui nous observait. Je ne savais pas comment les interpréter. Était-ce une invitation à ce que Clara se joigne à notre conversation ? Je ne pouvais le dire. Finalement, Clara a abandonné ses pensées pour apporter sa voix aux nôtres. Au moment de quitter le restaurant, j'ai glissé ma carte de visite à Gwendoline qui discrètement l'a mise dans sa poche. Je croyais que la soirée en resterait là lorsque Gwendoline nous proposa de la suivre dans une boîte à la mode. Tout mon désir pour Clara et Gwendoline ne suffisait pas à me donner envie de me joindre à eux. Clara a insisté. Je savais qu'elle traversait une période difficile pour refuser de l'accompagner. J'ai toujours éprouvé un certain rejet pour ces lieux où le bruit envahit nos oreilles jusqu'à entendre les battements de notre cœur résonner dans notre tête. Qui plus est, la lumière me fatiguait les yeux et le cocktail d'odeurs perturbait mes sens. En tout cas, cela plaisait à Gwendoline et à Clara qui se déhanchaient au son de la musique me rejoignant juste pour vider leur verre. Si ce n'était leur présence qui me retenait, je n'aurais pas tardé à me retirer. Le spectateur incrédule, que j'étais, était troublé du rapprochement qui s'opérait entre Gwendoline et Clara. Est-ce que Gwendoline était la raison qui a bouleversé Clara au début de son séjour ? Me suis-je trompé sur l'intérêt que m'a porté Gwendoline ? Dans le taxi du retour, mes interrogations flirtaient avec un fantasme masculin, celui de finir dans les bras de ces deux femmes. Pourtant, même si les pensées les plus perverses me traversèrent l'esprit, Clara et Gwendoline me paraissaient si différentes que l'idée de leur faire l'amour en même temps avait été écartée. Je fus d'autant plus décontenancé lorsque je les vis disparaître en direction de la chambre de Clara. Je me demandais si réellement il allait se nouer une nouvelle liaison ou ce ne serait simplement qu'un accident de parcours. D'ailleurs pourquoi, devais-je m'imaginer qu'il se produirait une quelconque relation entre ses deux femmes sous prétexte qu'elles allaient partager la même chambre voire le même lit ? Dans l'état où elles étaient, il était peu probable qu'elles tiennent encore longtemps debout. Les choses auraient connu une autre tournure si j'avais participé à leur frénésie. Peut-être que c'est dans les bras de Gwendoline que je me serais endormi. La sobriété conduit à une certaine retenue et engendre une distance. En même temps, je m'interrogeais sur le rapport que j'entretenais avec les femmes. Y avait-il quelque chose qui m'échappait ? Je ne suis pas l'homme auquel elles espèrent. Quelle que soit l'évolution des mœurs, les femmes cherchent un homme dont la situation est bien établie. Certes, il existe toujours des dominatrices ou d'autres qui sont en quête d'un protecteur. Cependant, le poète n'a de place à leurs yeux que s'il s'est construit une réputation. Le poète maudit est condamné à d'éphémères rencontres. Le séjour à Toronto a pris fin sans que j'aie la moindre espérance de revoir Clara et encore moins Gwendoline. J'avais été un pion dans une partie d'échecs. Je ne pouvais m'en prendre qu'à moi même d'avoir cédé aux desiderata de Clara. J'avais fait preuve une fois encore de faiblesse. Cependant, je souhaitais que ces aventures successives avec Clara me conduisent à écrire un nouveau roman, une manière de tirer parti de mes expériences. Néanmoins, cela ne s'est pas produit. Le temps a fini par effacer ces événements et faire renaître mes interrogations quant à mon avenir.

**Ma chère amie,**

Je t'ai laissé sans nouvelles depuis maintenant plus d'un mois et ce n'est pas faute d'avoir eu envie de t'écrire. Le travail accapare tout mon temps. Je n'ai plus d'emprise sur mon quotidien. Le désordre règne dans mon existence d'habitude si bien organisée. Comment imaginer qu'un simple cours de dessin a fait basculer mon monde intérieur ? C'est déroutant d'être spectatrice d'une vie qui n'est plus en adéquation avec ce qui gît au plus profond de son être. Je trouve difficilement les mots pour exprimer cette dichotomie entre celle que tous connaissent et celle qui cherche à éclore. En même temps, je reconnais être passionnée par mon travail dans lequel je m'investis de trop, sans doute pour me perdre. Ainsi, il est facile d'oublier ce qui nous pousse à vouloir emprunter une voie différente. Pourtant le retour à la maison paraît toujours pénible. J'ai l'impression qu'un autre emploi m'attend où je dois gérer une vie familiale avec tous les aléas qui l'accompagnent. Qu'importe, si je partage les tâches avec Claude, cet effort supplémentaire me ronge. Cela nous force à faire preuve d'une plus grande maîtrise de soi. Le risque est de perdre pied et d'emporter tout sur son passage comme un ouragan. Cela est d'autant plus difficile que le travail au sein du groupe de recherche exige des moments de silence pour réfléchir aux défis à surmonter. Après avoir couché les enfants, Claude et moi avions l'habitude de nous réserver du temps, mais je n'ai plus la volonté de m'enquérir de sa journée ou d'aborder les affaires courantes de la maison. Même le désir s'est dissipé. Claude a pris son parti. Il consacre le reste de la soirée à de la lecture. J'admire son flegme. Aucun événement ne semble l'affecter. Il est toujours en contrôle de la situation, quelle qu'elle soit. Je crains qu'il finisse par céder sous le poids de la pression et qu'il plonge dans une dépression profonde bien plus que dans une indicible colère. Qu'adviendra-t-il alors ? Le plus probable est qu'il m'entraîne dans sa chute. Je n'ose pas imaginer ce qui arriverait si je souhaitais me séparer. Est-ce le bon choix ou une fuite qui ne résoudra en rien les problèmes ? Ils deviendront plus difficiles encore à gérer. Où se trouve la solution ? Je l'ignore. Je pourrais confier la garde des enfants à ma belle-mère. Il lui arrive de séjourner chez nous le week- end depuis son veuvage. Elle pourrait s'installer pour un mois, le temps que nous puissions retrouver nos esprits. Je ne sais pas si Claude serait ravi. Il entretient des relations tendues avec sa mère. Il n'a pas soldé son passé.

Il reste encore des pierres d'achoppement sur des différends qu'à sa place j'aurais déjà oubliées. À ces déconvenues s'est ajouté un autre événement. À la suite de mon voyage à Toronto, les choses se sont précipitées. Mon directeur m'a convoqué pour m'annoncer que la maison mère a revu sa position. Je pense surtout que ma direction a été trop bavarde. Qu'importe, nous avons obtenu le financement. En contrepartie, la maison mère a souhaité que son investissement soit pris en charge par l'un des leurs. Cela a valu des heures de discussions et de négociations. J'ai cédé sous la pression. Je n'avais surtout pas le choix. Nous avions besoin de ses fonds. Même si le gouvernement a fini par nous octroyer de généreuses subventions, elles ne peuvent suffire pour accélérer nos travaux. Lorsque j'ai appris que la personne qui allait nous être envoyée était Gwendoline, mon aventure à Toronto a ressurgi comme une claque en plein visage. Je me suis rappelé notre folle nuit. Je m'explique mal comme je me suis laissé prendre au jeu. À vingt ans, il peut nous arriver d'explorer notre sexualité, mais à quarante ans passés, il est plus difficile de le comprendre. Je me demandais si je n'avais pas cherché à me mettre en danger. Ce soir-là, j'avais eu à nouveau vingt ans. Comme l'adolescente d'hier, j'ai cédé à mes instincts sans réfléchir aux conséquences des gestes que je commettais. À présent, il me fallait oublier cet incident, l'éloigner de mes pensées. Désormais, cela devait appartenir au passé comme une erreur de jeunesse. Néanmoins, il s'était créé un lien avec Gwendoline qui s'est renforcé avec sa venue à Montréal. Nous avions plus de points en commun que je l'aurais cru. Du temps où nous étions à l'université, elle aurait fait partie de notre groupe. L'amitié peut parfois prendre d'étranges tournures. Elle se trouve parfois à la croisée des chemins de la fraternité et de l'amour. Mon amitié pour Gwendoline glisse à l'occasion dans un no man's land où des sentiments contradictoires se confrontent. J'ai appris à ne plus me soucier de ce que je ressens. Je vis notre amitié comme elle doit être vécue. Après cet épisode, c'est au tour de Claude de connaître des changements. Il a retrouvé un certain enthousiasme et semble sortir de sa tour d'ivoire. Il n'a pas tardé à me confier qu'il souhaitait remettre en marche le projet d'entreprise qu'il avait abandonné après la naissance de Nicolas. Devais-je me réjouir sachant le temps que requiert un tel projet ? En même temps, je ne pouvais pas faire preuve de réticences alors qu'il a pris le chemin du bonheur. Je me demande si lui aussi vit une heureuse rencontre. Si c'était une femme, Claude aurait fait montre de discrétion sans pour autant réussir à masquer sa joie de vivre qui s'était estompée depuis trop longtemps déjà. J'ai compris que l'idée avait ressurgi lors de discussions avec un consultant arrivé récemment au sein de son entreprise. Ce nouvel ami s'appelle Gilbert. Les Gilbert semblent réveiller les âmes de leur torpeur. Claude l'a convié ce week-end. Il m'a proposé d'inviter Mélanie. Je crois comprendre que Gilbert n'est pas marié. Sinon pour quelle raison Claude n'aurait-il pas demandé à sa femme de l'accompagner au souper ? J'ai trouvé ridicule que Mélanie soit présente sans son mari. D'autant plus, celui-ci est loin de cadrer avec nous. C'est un ancien culturiste dont ses seuls intérêts passent par le sport et le poker. Gwendoline me paraît une bien meilleure invitée. Elle aussi est célibataire. Ce samedi soir, quelle fut ma surprise lorsque j'ai ouvert la porte ? Le Gilbert en question était, mon Gilbert ! Ma stupéfaction fut aussi grande que la sienne. Je n'arrivai pas à prononcer un mot. Claude venu me rejoindre dénoua la situation sans bien comprendre ce qui s'était joué. À la vue de Gilbert, Gwendoline souligna le hasard des coïncidences évoquant leur rencontre à Toronto sans pour autant mentionner ma présence ce jour-là. Pour la première fois, je sentis que je perdais mes moyens. Gilbert, le regard inquiet, s'empressa de détourner la conversation. Il complimenta Claude sur la beauté architecturale de la maison. Cette diversion me permit de prendre Gwendoline à l'écart. Je me devais de mettre de l'ordre dans une soirée qui avait très mal commencé. Je fis comprendre à Gwendoline qu'il était préférable que Claude ne sache pas que Gilbert et moi nous nous connaissons. Gwendoline, un peu surprise, me regarda l'air interrogateur. Pour autant, je ne lui apportai pas les explications qu'elle attendait. Heureusement, la soirée a suivi son cours sans faux pas et la tension s'est dissipée. Cependant, ma nervosité ne pouvait être dissimulée. Je craignais à tout moment un dérapage de Gilbert ou de Gwendoline. La conversation allait bon train sans que j'y prenne part. J'observais mon mari et mon amant discuter sous mon regard songeur. Claude était un roc, non seulement du fait de sa stature, mais parce qu'il paraissait en pleines possessions de ses moyens. Rien ne pouvait ébranler sa confiance. S'il avait les idées bien arrêtées, il acceptait la contradiction et le débat. Gilbert se montrait plus fragile, même s'il émettait une lumière qu'on ne pouvait ignorer. Il donnait l'impression d'un homme timide et réservé et pourtant la manière limpide avec laquelle il s'exprimait, tel un acteur de théâtre, suscitait l'admiration. Claude était le pilier sur lequel se repose la famille. Il avait su m'apporter le soutien nécessaire lorsque mes ambitions m'avaient conduite à embrasser l'emploi que j'occupe aujourd'hui. Gilbert faisait montre d'une sensibilité réconfortante. Il me faisait basculer dans un monde de liberté où les sens s'éveillent et où le désir renaît. Gwendoline apparaissait comme une rivale à voir les yeux avec lesquels Gilbert et Claude la dévisageaient. Ces deux hommes étaient là à batailler de bons mots, de jeux de séduction pour attirer son attention. J'étais devenue une ombre refusant de m'exprimer. À l'occasion, Claude me souriait inquiet de me voir absente. Je me plaisais à observer ce trio dont je connaissais aussi bien les uns que les autres. Si Claude était le chêne sur lequel se reposer, il ne pouvait combler mes désirs présents. Les beaux cadeaux et les attentions délicates ne correspondent pas toujours à ce à quoi l'on s'attend. L'envie de se sentir à nouveau fringante et désirable nous incite à rechercher le regard de celui qui se penchera sur nous comme si l'on avait encore vingt ans et réveillera notre jeunesse endormie. Gilbert avait ce don de bouleverser le temps en un ailleurs où tout devient possible. Cependant, je crains fort que l'homme que l'on choisit de faire entrer dans notre vie réponde à un heureux compromis. En effet, l'amour ne dure qu'un temps et la passion se consume rapidement. Seule la complicité résiste aux jours qui passent. L'amour des premiers jours n'est jamais celui qui traverse les années. S'il persiste des années après, il revêt des habits plus sages où ce qui nous unit repose sur une harmonie au son de laquelle dialoguent deux êtres qui s'aiment. Cette conversation s'était rompue avec Claude. Je ne pouvais pas plus le blâmer que je pouvais me sentir coupable. Nous n'avons pas su prendre soin de nous pour prendre soin de notre couple. Gilbert m'a fait voir qui j'étais et Gwendoline a fait renaître mes vingt ans. Je réfléchissais comme une femme oubliant la mère qui ne peut ignorer le bonheur de ses enfants. Si le divorce était devenu banal, il ne l'est jamais pour les enfants. En même temps demain quand ils quitteront le nid familial, ils entraîneront inexorablement notre chute. Ce sera trop tard pour construire ce qui aurait dû se produire bien avant que nos âmes se flétrissent. Au cours du souper, je retrouvai le sourire tout en surveillant Gilbert au risque que son enthousiasme à s'exprimer le mène à se fourvoyer et trahir notre liaison. Après le repas, Gilbert partit en taxi. Gwendoline avait trop bu pour conduire. Claude suggéra qu'elle couche au sous-sol dans le petit appartement aménagé pour ma belle-mère. Cette nuit-là, je dormis profondément. Je me suis réveillée le matin plus tard qu'à l'accoutumée. Les enfants passaient le week-end chez mes parents. En arrivant à la cuisine, Claude et Gwendoline prenaient le petit déjeuner. Ils formaient un beau couple comme du temps où Claude et moi nous étions encore amoureux. J'ai compris ce matin-là qu'une page devait se tourner.

Je t'embrasse avec toute mon amitié

Clara

## Gilbert à son dictaphone

Les années se sont écoulées sans avoir réussi à devenir l'écrivain que je rêvais d'être. Devais-je persister dans une voie sans issue ? Il arrive un temps où l'on se lasse de ses vaines tentatives de percer le milieu de l'édition. Après tout avais-je le talent d'écrire ? Il est difficile d'en juger par soi-même. L'écriture représente une part de notre intimité qu'on livre à notre lecteur. Il faut avoir la possibilité de s'en détacher pour être bon critique. Malgré une certaine imagination, les histoires n'aboutissaient pas ou paraissaient boiteuses. Parfois, le récit prenait la forme d'un essai où les sentiments s'étalent sans pudeur au point de dérouter le lecteur. Je me cherchais un style sans vraiment connaître la voie à suivre. Il est facile de s'aligner sur les traces d'un auteur connu, en voulant lui emprunter ses tournures de phrases, mais on y perd de notre identité. Plus encore, la solitude que je fréquentais avec bonheur n'offrait plus la richesse attendue. Elle avait pris la forme d'un exil dont j'ai fini par me lasser. L'envie de renouer avec ce que j'avais quitté se réveillait à moi. Pour autant, je ne prétendais pas la rejeter à nouveau. Cependant, elle ne pouvait plus être ma raison de vivre. Elle avait besoin de cohabiter avec une vie qui nourrit mon âme de sentiments divers et colorés. Il me fallait reprendre le chemin de mon ancien métier sans pour autant m'y perdre comme par le passé. J'ai la chance d'exercer une profession dont la demande est en croissance. La sécurité informatique n'engendrera pas de sitôt des chômeurs. La consultation serait la voie à suivre. Elle me donnerait le temps de me construire une existence sans doute plus riche. J'envisageais même de voyager. Pour autant, je devais éviter de m'égarer dans des rêveries pour lesquelles je suis coutumier. Les années perdues demandaient un long apprentissage pour renouer avec les réflexes d'hier et intégrer les évolutions en cours. Le temps que je consacrais à l'écriture était dorénavant accordé à ma réinsertion. Je retrouvai le fil d'Ariane plus vite que je l'aurais cru. Il me conduisit là où j'aurais dû être si j'avais persévéré. J'eus la sagesse de choisir des mandats courts dont la tâche ne nécessitait pas un investissement outre mesure. Je souhaitais me préserver du stress dans la mesure du possible. J'obtins un premier contrat au sein d'une société de gestion financière, pour l'amélioration de leur sécurité informatique. C'est sous la direction de l'un de leurs chargés de projet que j'opérais. Rejoindre à nouveau le monde de l'emploi paru les premières journées étrange.

J'avais l'impression de retrouver une organisation que j'avais laissée depuis longtemps, comme si j'avais quitté l'armée ou les ordres et que j'y retournais. Même si je renouais avec les codes et les obligations de l'existence contemporaine, je devais apprendre à bien séparer mon travail de ma vie privée. Nous prîmes l'habitude de dîner sur l'heure du midi. Je ne souhaitais d'aucune façon me tenir à l'écart. Il fallait se reconstruire un réseau. Le chargé de projet est un homme sympathique bien qu'il s'exprime peu. Je ne sais pour quelle raison, je lui confiai qu'après une brève parenthèse à me consacrer à l'écriture j'avais retrouvé l'informatique. J'avais oublié qu'il était toujours plus sage d'être réservé. J'en avais perdu l'habitude. Il m'a conseillé de faire preuve de prudence afin que le travail ne soit pas à nouveau une prison et me fasse regretter la liberté que j'avais conquise. Je compris bien vite que l'homme paraissait inconfortable dans la position qui était la sienne. Il y avait chez lui un désir de rompre avec ses chaînes sans avoir le courage de passer à l'action. Les considérations familiales le réfrénaient pour qu'il se détache de son emploi. Cependant, il reconnaissait qu'il avait trop entendu. Le sacrifice m'avait-il dit a ses limites. Je fus surpris par ses paroles, car d'habitude il exprimait peu ses sentiments. Il faut admettre que ce jour-là il y avait eu de la colère dans sa voix. Une transaction ne s'était pas déroulée comme prévu. Des remontrances avaient été formulées par sa direction même si au vu de la situation sa marge de manœuvre paraissait étroite pour qu'il prenne une autre décision que celle qu'il avait prise. Tout au cours du mois, nous eûmes souvent le temps de revenir sur le sujet et sur son ambition d'ouvrir une compagnie d'import. Au fur et à mesure de nos échanges j'eus l'impression qu'il s'était convaincu du bien-fondé de démarrer son entreprise. Néanmoins, rien ne permettait de dire à quel moment il mettrait à exécution ses intentions. La semaine qui précéda la fin de mon contrat, il m'invita à souper chez lui. Le trajet me parut long. Après le métro, je pris un taxi, car il ne fallait pas compter sur les autobus si je souhaitais être à l'heure. Je ne m'imaginais pas un seul instant que Clara m'ouvrirait la porte. Je fus frappé de stupeur. Une telle coïncidence défiait la raison. J'ai travaillé pendant plus d'un mois en compagnie de son mari sans avoir soupçonné à aucun moment que Clara était sa femme. Claude ne ressemblait pas à ces hommes qui mettent sur leur bureau des photos de leur famille. D'ailleurs si tel avait été le cas, j'ignore comment j'aurais abordé la situation. Peut-être, j'aurais évité de m'exprimer avec autant de liberté. Claude a dû remarquer notre malaise sans en comprendre la raison. Ce ne fut pas ma seule surprise. Jamais je n'aurais imaginé que Gwendoline serait invitée ce soir-là. Je m'interrogeais si elle était devenue l'amante de Clara, sinon comment expliquer sa présence ? Peut-être, je n'avais sans doute pas saisi que Toronto avait favorisé leur amitié. Gwendoline, aussi désirable qu'à Toronto, ne put s'empêcher de souligner que nous nous connaissions. Cette fois, je sentis que la situation allait nous échapper et que la soirée finirait en un drame. Je compris que Clara n'avait pas informé Gwendoline quant à nos relations sinon elle n'aurait pas commis un tel impair. Fort heureusement, j'eus la présence d'esprit de me retourner vers Claude pour le complimenter sur la beauté de sa demeure et ainsi mettre fin à la conversation. Il faut dire que les lieux, sans paraître ostentatoires, montraient que la famille appartenait aux hauts revenus. C'était étrange de se retrouver assis au côté de ces trois personnages que je connaissais bien. J'avais l'impression de reconstituer le fil d'une histoire grâce aux bribes récoltées lors de mes diverses rencontres. Reste que Gwendoline était l'intruse dont j'ignorais le rôle. Comme à Toronto, je ne pouvais pas me détourner de son regard tant sa beauté me séduisait. Au-delà de l'aspect physique, il émanait d'elle une énergie et une expressivité qui permettait de dénoter sa vraie nature. J'avais l'impression que nous pouvions partager bien des choses en commun. Gwendoline ne me paraissait pas une étrangère même si je me sentais intimidé lorsqu'elle posait son regard sur moi. Quant à Clara, elle avait l'air perdue dans ses pensées, toujours aussi élégante arborant une petite grimace que je connaissais bien. Si

Gwendoline pouvait être la femme avec laquelle je passerai ma vie, je me demandais si finalement, impressionné par cette femme, je ne risquais pas de céder à ses caprices et n'avoir plus d'emprise sur mon existence. Avec Clara, les choses me paraissaient différentes, la passion ponctuelle se mêlerait avec une amitié qui donnerait une couleur particulière à notre relation. Nous serions un couple libre de mener notre vie à notre guise tout en ayant un port d'attache commun. Je ne sais pas si ce n'était pas ce genre de situation qui me plairait le mieux. En même temps, je ne pouvais pas résister au pouvoir d'attraction de Gwendoline. Je voyais bien que Claude était un rival. Je me demandais si Clara avait remarqué que son mari montrait de l'intérêt pour Gwendoline. J'avais peu de chance de gagner la mise face à Claude en confiance. La voix bien placée, il imposait ses idées et faisait part de ses projets et de ses ambitions. Qu'avais-je à proposer pour être à la hauteur, à part mes belles paroles ? Claude était ancré dans la réalité et moi j'étais un rêveur. Au cours du dîner, Clara chercha mon regard, je sentais bien qu'elle avait besoin d'être soutenue. J'esquissai un petit sourire comme celui qu'elle aimait. Clara finit par se libérer et participa à la soirée. La complicité qu'elle avait avec Gwendoline me surprit. C'était étonnant cette proximité entre elles qui me rappelait Toronto. Claude se laissait porter par ses deux femmes. C'était une étrange situation dans laquelle mes discours sonnaient comme de fausses notes même si je voyais bien combien il plaisait à Clara. Je décidai de ne pas prolonger la soirée et je me suis retiré après le repas. La route en taxi m'entraîna dans mes pensées partagées entre Clara et Gwendoline. Je pris conscience que je n'étais pas dans le souhait de construire une relation, mais dans le bonheur de jouer de la séduction et de sentir, autant que susciter, le désir. La fébrilité qui en découle donne naissance à une énergie salvatrice qui envahit notre être. Je ne sais si je pouvais espérer quoi que ce soit avec l'une des deux femmes. Si Gwendoline ne m'avait pas contacté à son arrivée à Montréal, je ne pouvais pas attendre davantage de cette soirée. Quant à Clara, je doutais qu'elle souhaite reprendre notre liaison. Elle cherchait sa voie. Uniquement une profonde détresse la conduirait à se rapprocher à nouveau de moi. Je me demandais comme je pourrais entretenir encore une relation amicale avec Claude. Je ne pouvais plus ignorer que Clara était sa femme. Une fois de plus, je me mettais entre les mains du destin. Seul le temps nous dira si cette rencontre aura des conséquences sur le cours de nos vies.

**Ma chère amie,**

À force de ne plus regarder devant soi, j'ai trébuché et ma vie s'est fracassée en mille et un morceaux. Je ne sais pas par où commencer tant je suis dévastée. Jamais rien n'arrive de la manière dont on s'imagine. Le mois qui a suivi le souper avec Gilbert et Gwendoline, Claude s'est investi de plus en plus dans son projet, jusqu'au jour où il m'a annoncé qu'il avait remis sa démission. Cela s'est produit sans qu'il m'en parle, ce qui n'est pas dans son habitude. Claude a repris sa liberté de mouvement. Il s'est libéré mieux que je n'aurais su le faire. Je l'envie d'avoir retrouvé le goût de vivre. Pour la première fois, il s'est permis des week-ends seul au chalet. Il juge le lieu plus opportun pour travailler, loin des bruits des enfants. Pas une fois, il m'a proposé de l'accompagner. Je ne crois pas être prête à mettre l'énergie voulue pour partir à nouveau à sa conquête. Le chemin à suivre requiert beaucoup trop d'efforts. Je doute que cela porte ses fruits. Gwendoline a elle aussi pris ses distances. L'envie de revoir Gilbert s'est fait ressentir, mais je crains qu'il refuse de répondre à mes appels à présent qu'il a appris que Claude est mon mari. Moi qui croyais impossible la transformation de Claude, je le sous-estimais. J'anticipais une dépression et c'est une résurrection qui s'est produite. J'aurais pu être l'initiatrice de cet événement si je n'avais pas été rongée par le questionnement et mes hésitations. Gilbert a été l'imprévu, le trouble-fête qui a cultivé le doute. La soirée à Toronto avec Gwendoline a enfoncé le clou. Le week-end dernier, je l'ai passé chez mes parents. Que de souvenirs ont ressurgi lorsque j'ai retrouvé la chambre de mon enfance ! Un mélange de mélancolie et de nostalgie m'a envahi. Vers où vais-je fut ma grande question. Je ne trouvais pas de réponse hormis de revisiter le parcours qui fut le mien. Ne dit-on pas : connaître son passé permet de mieux comprendre son présent. Cela ne fut pas plus instructif. Je me suis mis alors à imaginer ce à quoi ma vie aurait ressemblé si j'avais pris une autre route que celle que j'ai choisie. J'aurais sans doute embrassé une autre carrière que celle d'ingénieur. Le féminisme nous a poussées à nous surpasser et à embrasser des métiers réservés à la gent masculine. Mais le féminisme s'est comporté comme hier le patriarcat le faisait avec les jeunes hommes en voulant qu'ils s'engagent dans des professions de prestige qu'importent leurs envies. L'image à envoyer à la société et aux futures générations a primé sur le désir. Ma mère a orienté mes choix par idéologie. De tout temps, il y a eu des femmes qui se sont imposées, quelle que soit leur condition. Elles n'ont pas eu besoin de modèles. Le secret réside dans la capacité d'être en harmonie avec soi et de relever les défis qui nous animent au-delà des embûches qui se dressent devant nous, ce que je n'ai pas su accomplir. Je me suis enveloppée d'une image qui ne me ressemble pas. D'ailleurs, j'ignore si j'aurais fait des enfants. Pourtant Nicolas et Anne Charlotte m'apportent beaucoup de bonheur. Certes, ils prennent beaucoup de mon temps bien qu'aujourd'hui à 12 ans et 8 ans la situation est différente de ce qu'elle était lorsqu'ils étaient de jeunes enfants. Chaque âge est sujet à des problèmes et nécessite de l'attention. Un exercice difficile, lorsque notre travail draine notre énergie mentale. La fatigue cérébrale est parfois plus pénible à gérer que celle physique. Alors pour les mettre à distance, on les inscrit dans diverses activités sous prétexte de leur épanouissement. Je pense que les enfants ont eux aussi besoin d'avoir du temps libre au lieu de connaître le stress d'une vie familiale trop organisée. Aujourd'hui malgré mon attachement à mes enfants, la nécessité de prendre le large se fait sentir. Je finis par croire que je devrais me mettre en congé de mes activités professionnelles. Ainsi, j'arriverais à retrouver sans doute un certain équilibre. Maintenant que Claude a renoué avec ses ambitions, il serait tant de resserrer nos liens au lieu d'imaginer une séparation. Anne-

Charlotte vivrait mal notre rupture. Elle est très attachée à moi. C'est une rêveuse. L'école n'a pas sa préférence. Pourtant ce n'est pas faute d'être intelligente. Ses cahiers de classe sont remplis de dessins tant elle s'ennuie en classe ce qui lui vaut, souvent, des remontrances. Nicolas excelle à l'école. C'est un garçon assez indépendant qui me rappelle son père. J'ai pensé à eux ce week-end, mais sans pour autant ressentir cette nécessité d'aller les rejoindre. J'avais besoin d'être seule. Heureusement, mes parents ont respecté mon silence même si ma mère se soucie de ma situation. Elle me connaît bien pour savoir que je traverse des moments difficiles. Pour la première fois, j'ai pris le courage de ne pas rentrer travailler le lundi prolongeant ma fin de semaine. Cependant, je ne m'attendais pas à ce que Claude allait m'annoncer en soirée. En apprenant la présence de ma belle-mère venue garder les enfants, je compris que Claude souhaitait que nous nous retrouvions seuls. Il paraissait calme, mais déterminé. Claude m'a laissé entendre que sa patience avait atteint ses limites. La naissance des enfants l'avait conduit à renoncer à ses ambitions. Puis, il a accepté de remettre à plus tard ses projets afin que je reprenne ma vie active au sein d'un emploi stimulant et rempli de défi. Cependant, il considère que ce travail a envahi ma vie. Claude espérait que cela n'était que passager et que nous retrouvions un semblant d'existence. Je lui ai fait remarquer que j'attendais tout autant de lui. Malgré tout, nous avons réussi à maintenir une vie heureuse, ce qu'il a oublié. De plus, Claude s'exprimait peu. Il m'était difficile de pouvoir sonder ses pensées. Claude parut à court d'arguments. Il a enchaîné en plaidant qu'il aurait fallu l'extirper de son enfermement. A posteriori, cela peut paraître évident, mais à l'époque rien ne permettait de soupçonner que sa condition créait un malaise. Claude n'était pas plongé dans un mutisme ou faisait montre d'une constante déprime pour considérer la situation comme préoccupante. Claude semblait oublier que je ressentais aussi la nécessité de m'éloigner du monde professionnel dans lequel je baignais. Claude ne tenait pas compte des enfants dont il s'était peu occupé les premières années. Il usait d'un argumentaire fallacieux pour justifier qu'il souhaitait se séparer. Il avait rencontré une femme. Là se trouvait la vérité. Tout était en place pour qu'il se construise une autre vie. D'aucune façon, je n'ai cherché à sauver notre couple. Je me suis éclipsée après avoir embrassé Nicolas et Anne-Charlotte et j'ai roulé toute la nuit. Je m'importai peu, que Claude se soucie de ce qui peut m'arriver. Je dois reconnaître que la tristesse s'est emparée de moi. Quels que soient nos différends, on ne peut pas se détacher de près de quinze ans de vie commune comme si l'on se départit d'un meuble. C'est la rupture avec un rythme qui a cadencé notre vie. Désormais, il va falloir organiser son existence de manière différente.

Je me préoccupais des enfants et de la difficulté pour eux de partager leur semaine entre moi et leur père. Quelle conséquence cela aura-t-il sur mon travail alors que j'ai besoin de toute mon attention pour mener à bien mon projet ? Prise dans mes pensées, je ne me suis pas aperçue que j'avais accéléré de façon exagérée. J'évitais de justesse un accident. La peur me poussa à ranger ma voiture sur la bande d'arrêt d'urgence. Je ne savais pas où j'allais passer la nuit. Je ne voulais pas être seule. Une fois encore, j'étais convaincue que Gilbert aurait les mots pour me réconforter. Je me suis présentée chez lui sans l'avoir prévenu. J'étais préparée à me retrouver devant une porte close ou faire face à une femme. Gilbert fut surpris de me voir. Il a vite compris la situation. Il s'est occupé de moi comme d'un animal blessé. Il m'a apporté de quoi grignoter. Je m'étais recroquevillée sur son canapé encore sous le choc de l'incident qui s'était produit sur l'autoroute. Je me retenais de lui demander si Claude l'avait informé ni même à quoi pouvait ressembler sa maîtresse. Gilbert a raison, il m'a prise par surprise. Indirectement, Gilbert en portait la responsabilité. Après tout, c'est lui qui a ravivé le désir de Claude de fonder son entreprise. Mal à l'aise, il me fit comprendre que l'on ne peut pas priver longtemps quelqu'un de son destin. Un jour où l'autre, il vient frapper à la porte. Cependant, cela ne représentait qu'une main du destin, l'autre était une femme. Gilbert préféra éviter le sujet. Ce soir-là, je me suis endormie dans ses bras comme un enfant dans les bras de sa mère. Gilbert servait de refuge aux âmes désespérées, prêt à les ramasser, quels que soient les éloignements et les séparations qui avaient pu se produire entre eux. Cette générosité, je le compris bien plus tard, est celle d'un homme en carence affective qui trouve son bonheur dans celui des autres et dans le plaisir de les rendre heureux. Ce soir- là, il a été l'amarre nécessaire pour se sentir en sécurité.

Je t'embrasse avec toute mon amitié

Clara

## Gilabert à son dictaphone

Ma dernière semaine de travail fut à l'image des précédentes sauf que le regard que je portais sur Claude ne pouvait plus être le même. Si l'aventure avec Clara appartenait au passé, je ne pouvais pas oublier que j'avais été son amant. Dorénavant si j'avais des conseils ou des suggestions à donner à Claude, je ne pouvais plus ignorer que Clara était sa femme. Pourtant, je craignais que ce fût déjà trop tard pour leur couple. Claude avait pris la décision de lancer son entreprise. Je ne sais pour quelle raison, je supposais que ce nouvel élan pouvait emporter tout sur son passage. J'en arrivais à me demander s'il n'était pas mieux de me tenir à distance. Je trouve malsain d'entretenir une relation amicale avec celui dont je connais sa vie, et celle de son couple, sans qu'il le sache. Ce qui m'avait surpris est de ne pas avoir reçu de messages de Clara. J'ai pensé qu'elle m'écrirait après cette coïncidente rencontre. Je m'attendais à une réflexion ou à des remarques, mais ce ne fut pas le cas. Je dois admettre que cette soirée avait éveillé des sentiments partagés entre mon désir pour Gwendoline et mon intérêt pour Clara. En même temps, la présence de Claude jetait une ombre sur mes intentions. Il savait s'imposer à l'inverse de moi. Je n'avais pas vaincu ma timidité ni mes incertitudes qui fragilisaient ma confiance. Il me fallait tourner la page et suivre ma route. Je devais me construire un réseau pour trouver des contrats plus lucratifs ce qui me permettrait de renouer plus souvent avec ma liberté. De cette manière, je pourrais toujours garder du temps pour des activités plus créatrices et peut-être me remettre à écrire. Un jour, je reçus un appel de Claude qui me convia à une soirée organisée pour les entrepreneurs. Il pensait que je pouvais développer des liens avec certains d'entre eux afin d'offrir mes services. Je n'appréciais pas ces grandes messes, mais je ne refusai pas l'invitation. Je ne me sentais jamais à l'aise dans ces réunions. Je ne savais pas comment aborder les gens et encore moins j'avais la manière de m'immiscer discrètement dans leurs conversations. Je m'étais rapproché du buffet espérant que les victuailles favoriseraient les échanges. Cependant, tout le monde ou presque l'avait délaissé. Seule une jeune femme, qui dénotait de ceux présents, semblait se délecter de ce qu'elle mangeait. J'esquissai un petit sourire. Elle me regarda un peu gênée. Très vite, nous enchaînâmes la conversation. C'était une artiste peintre. Elle avait été invitée par une amie qui croyait qu'elle arriverait à trouver un mécène ou de futurs acheteurs pour ses tableaux. De façon assez vulgaire, elle me fit comprendre que son cul avait plus de chance de trouver preneur que ses œuvres. Ce monde des affaires la dépassait. Elle avait l'impression que cela ressemblait à une secte dont seul les initiés connaissaient les codes. Elle n'avait pas cherché à se faire remarquer même si son décolleté ne tarderait pas d'attirer l'attention. Elle n'avait pas trouvé son amie dans la foule ni je réussis à voir si Claude était présent. Cependant, mon regard s'arrêta sur une silhouette qui m'était familière. Une fois de profil, je reconnus Gwendoline. Je ne voulais pas imaginer ce qui était arrivé. Si je ne me trompais pas, Claude ne tarderait pas d'apparaître. En effet dès que Gwendoline s'est retournée, j'ai aperçu Claude en pleine conversation. Je me demandais si je devais aller à leur rencontre. La jeune femme qui répondait au prénom d'Emma ayant vu mon manège m'incita à aller les rejoindre. J'étais un peu gêné de la laisser seule sachant bien qu'elle n'irait pas à la chasse ce soir. Elle attendait qu'on la cueille. Je l'invitai à m'accompagner. Gwendoline parut surprise. Son étonnement, l'exprime-t-elle, du fait de ma présence ou de celle d'Emma ? Claude, l'air enjoué, ne tarda pas à nous rejoindre. La soirée semblait lui profiter. Il nous proposa d'aller dîner au restaurant. Une fois de plus, je me retrouvais dans un improbable souper. Emma n'avait pas refusé l'invitation. Elle paraissait même ravie.

Claude aurait dû se rendre compte de nos différences au lieu de s'imaginer que l'on est un couple. Claude s'affichait avec Gwendoline sans aucune gêne. Il n'avait sûrement pas été informé de ma relation avec Clara. J'en avais la certitude autrement je doute qu'il m'aurait adressé la parole même si son couple avait sombré. Gwendoline avait dû préférer se taire. Je n'ai jamais su à quel jeu elle jouait. À chacune de nos rencontres, je ressentais le même attrait pour elle. J'éprouvai des regrets de ne pas avoir réussi lors de notre soirée chez Clara à m'imposer et gagner la joute contre Claude. Pour autant, serais-je parti au bras de Gwendoline ? J'en doute. Depuis son arrivée à Montréal, elle aurait pu me contacter, mais cela ne s'est pas produit. Peut-être avait-elle compris que Clara et moi avions une liaison ? Ce soir-là, elle s'exprimait peu. Claude monopolisait la conversation. Emma réussit tout de même à lui voler la parole pour complimenter Gwendoline sur sa beauté. Elle laissa entendre qu'elle serait ravie que Gwendoline puisse être son modèle. Gwendoline sourit, mais ne refusa pas ni accepta la proposition. Pourtant, j'étais persuadé qu'en d'autres circonstances, Gwendoline n'aurait pas refusé de s'offrir au regard d'Emma. Emma était une belle brune sensuelle aux yeux noisette. Elle n'avait cessé de poser sa main sur ma jambe tout au cours de la soirée. Si elle pensait que j'étais la proie qu'elle espérait, elle se trompait. La soirée prit fin abruptement.

Claude avait reçu un message d'un contact qu'il avait rencontré précédemment qui l'invitait à le rejoindre dans un bar. Gwendoline et Claude nous laissèrent Emma et moi en tête à tête. Je ne savais pas comment clore la soirée. C'est alors qu'Emma me proposa de la suivre chez elle. Je ne sais pour quelle raison j'acceptai l'invitation, mon d'humeur bohème sans doute. Emma habitait un grand loft dans lequel le désordre régnait. J'étais étonné qu'une artiste peintre ait les moyens d'habiter un tel lieu. Elle devait sans aucun doute le partager avec une ou plusieurs amies. Ce qui aurait dû faire office de salon était devenu un immense atelier où traînaient papiers, peintures, toiles, décors et même un récamier où devaient s'allonger des modèles. J'étais surpris par la qualité de ses toiles. Elle avait un don inné pour les couleurs et la lumière. Elle avait même exécuté des reproductions d'impressionnistes particulièrement du Pissarro. Emma se préoccupait peu de mon intérêt pour son travail. Elle avait une soif d'assouvir ses instincts. Dans sa chambre, mon regard ne tarda pas de s'arrêter devant sa table de travail où trônait un ordinateur muni de plusieurs caméras et des jouets qui ne prêtaient pas à confusion. Emma appartenait à cette génération qui a trouvé un moyen de vendre leur charme par écran interposé. C'est ainsi qu'elle engrangeait une partie de son revenu. Voyant mon intérêt pour ses équipements, elle me demanda ironiquement si j'avais envie de jouer. Mon visage a dû montrer de l'inquiétude qui la fit rire. Emma ne tarda pas à s'agripper à mon cou et à me caresser sensuellement. J'étais sous son emprise désarmé par ses jeux érotiques. J'étais son prisonnier. Son corps brillait sous la lumière des softbox qui servaient d'éclairage. Je ne savais plus où se trouvait la réalité de la fiction. Elle prit plaisir à me faire une fellation comme si j'étais une délicieuse sucette puis elle a habillé mon sexe d'un condom comme une cavalière qui prépare sa monture avant de l'enfourcher. Elle ne tarda pas de partir au galop pour une nuit torride. À mon réveil, j'étais, encore fatigué par la nuit endiablée que nous avions passée. Emma était encore endormie. Je ne voulais pas la réveiller. Je m'éclipsais doucement croisant à ma grande surprise à moitié nue sa colocataire. Je trouvai un morceau de papier sur lequel je griffonnai quelques mots de remerciement ne sachant quoi d'autre écrire. Je ne pouvais partir sans rien dire, même si dans les circonstances il n'y avait rien à dire. C'était un « one night ». Après cette semaine, une autre surprise m'attendait. Le lundi suivant, assez tard dans la nuit, je vis arriver Clara, le visage habillé de tristesse. Claude avait mis fin à leur union. Clara ne s'était même pas excusée persuadée que je l'accueillerai. Elle savait que je lui offrirais mon hospitalité. J'aurais aimé trouver les mots pour la réconforter, mais dans les circonstances aucun discours ne pouvait l'apaiser. De toute manière, cette rupture devait se produire tôt ou tard. J'ose espérer qu'elle ne me considérait pas comme la roue de secours en attendant que les choses aillent pour le mieux. Pourtant, je n'avais pas envie que Clara soit aux prises avec sa solitude. Claude l'avait surprise au point de la faire trébucher, elle qui croyait détenir les clés de leur destin. Elle n'était pas préparée à affronter les jours à venir. Elle ignorait quelle avenue prendre. Elle craignait de perdre son emprise sur son emploi. Certes, elle prenait conscience que son couple était arrivé à un point de rupture, mais elle pensait que ni Claude ni elle ne décideraient de rompre. Elle croyait qu'une solution pouvait se dessiner d'autant plus que Claude avait retrouvé son dynamisme. Je soupçonnais qu'ils avaient trop attendu pour que la situation change. Le fait que Claude démarre son entreprise avait mis fin aux derniers espoirs de sauver son couple. Gwendoline fut l'étincelle qui provoqua la cassure. Clara semblait ignorer tout sur la relation de Claude et de Gwendoline. Elle n'arrivait pas à admettre qu'il avait trouvé une autre femme. Dans sa voix, je sentais une certaine jalousie. Je m'interrogeais si ce n'était pas la raison pour laquelle elle était venue se réfugier chez moi. Elle espérait reprendre sa place qu'elle avait abandonnée pour faire renaître son couple. Je n'étais pas sûr de vouloir suivre Clara à nouveau d'autant plus dans ces circonstances. Je ne supporterais pas d'être manipulé au grès de ses envies et au détriment de mes propres désirs et de mes sentiments. Je ne tomberais pas dans le piège, même si j'appréciais trop la compagnie des femmes. Cependant, Clara n'avait nulle intention que je redevienne son amant. Elle avait besoin de mon écoute, de mes paroles, mais aussi de mon affection plus que toute autre chose. Elle refusa de passer la nuit sur le canapé et elle s'endormit dans mes bras.

**Ma chère amie,**

Nous avons entamé les procédures de divorce. La séparation s'est déroulée en bonne entente. Il n'était pas dans nos intérêts respectifs de se disputer d'autant plus que nos relations ont toujours été saines, quelles que soient les circonstances. En d'autres temps, nous ne nous serions pas séparés si le destin n'avait pas fait basculer notre existence. Nous avons trop attendu pensant que le temps permettrait de colmater les fissures. Nous nous sommes trompés. L'un comme l'autre, nous espérions que l'un de nous donne un nouvel élan à notre couple, mais nous avons échoué par manque de volonté ou par crainte. En réalité, nous savions que plus rien n'était possible, mais nous ne voulions pas l'admettre. Nous avons trop attendu au lieu de prendre soin de notre couple. Telle une plante, nous l'avons vu dépérir croyant naïvement que la vigueur qu'elle retrouvait les jours ensoleillés et les jours de pluie suffiraient à nourrir ses racines, mais c'était ignorer la complexité du vivant. Le couple ne se résume pas à un assemblage de deux individus. C'est une riche entité qu'il faut faire vivre pour que chacun puisse s'épanouir sans nuire à ce qui les unit. À la fois, j'éprouve du regret, car j'ai aimé Claude et en même temps j'ai un profond désir de renouer avec celle que je fus avant de me marier. J'ai envie d'emprunter la route que j'aurais sans doute prise si j'avais appris à me connaître. J'ignore ce à quoi ressembleront les prochains jours. Mon inquiétude grandit lorsque je vois tout se dérober sous mes pieds. Cela s'est produit trop rapidement pour que j'aie le temps d'organiser ma vie. Dans ces circonstances, je m'interroge si j'ai la force de gérer le poids de la tâche qu'exige mon travail. Claude conservera notre demeure et prendra en charge les enfants. Il est nécessaire que Nicolas et Anne-Charlotte puissent continuer à vivre dans un milieu qui leur est familier. Je n'ai nulle envie de baigner dans les souvenirs de mon passé. C'est donc moi qui partirais. Désormais, sa mère devra venir habiter avec eux à moins que sa nouvelle compagne s'occupe des enfants, mais j'en doute. Nous avons annoncé la nouvelle à Nicolas et Anne-Charlotte. Claude a fait preuve de plus d'adresse que j'aurais pu en avoir. Mes émotions ne me permettaient pas d'avoir les mots justes. Je n'arrivais pas à consoler Anne-Charlotte qui pleurait de tristesse. Nicolas était plus préoccupé de savoir si cela changerait sa vie. Il craignait d'être transféré dans une autre école. Nous l'avons rassuré. Anne-Charlotte a souhaité venir vivre avec moi. Il a fallu lui faire comprendre que momentanément ce n'était pas envisageable. Je la verrais les week-ends. D'autre part, Skype, Messenger et Whatsapp permettent de nous garder en contact. J'avais de la peine à l'idée de devoir me détacher d'elle. J'ai refusé de dormir au sous-sol en attendant de me trouver un appartement. Le chalet aurait pu être une solution, mais faire plus d'une heure de route par jour me paraît hasardeux. J'ai pris une chambre dans un hôtel pour cette semaine. Je ne souhaitais pas coucher chez mes parents. J'ai passé le week-end avec Gilbert malgré quelques hésitations de part et d'autre. La compagnie de quelqu'un qui a les bons mots dans ces moments où tout nous échappe est une nécessité. Je me serais évadée avec Gilbert à l'autre bout du monde si je le pouvais le temps de réenchanter ma vie. Nous vivrions au grès de nos plaisirs et de nos envies. Je crois que Gilbert ne résisterait pas à cette tentation lui qui reproche à sa solitude de ne plus le nourrir suffisamment. Pour la première fois, Gilbert m'a fait comprendre qu'il ne souhaite pas être considéré comme un jouet dans les mains d'une femme capricieuse. Je reconnais avoir tenu Gilbert pour acquis. D'un autre côté, Gilbert n'a jamais fait montre de réticence quant à mes invitations. La crainte de froisser son interlocuteur le conduit à se retrouver dans des situations qu'il aurait en d'autres temps préféré éviter. Outre cette réalité, Gilbert affectionne la compagnie des femmes et se plaît à les aimer. Ce week-end, il n'a pas résisté à mes avances. J'avais besoin de noyer ma tristesse. Le sexe offre un bien plus grand plaisir que l'alcool. Gilbert pense que je devrais prendre congé pour me ressourcer. Comment imaginer abandonner le travail dans lequel je me suis tant investi et dont aujourd'hui je récolte les fruits ? Je me rends bien compte que je gère de plus en plus mal le stress. Mon désir d'un ailleurs a mis à mal ma concentration. Je suis toujours partagée entre celle que je suis et celle que j'aimerai être. Gilbert a fini par me convaincre de demander un congé sans solde. Je serais ravie, ma chérie, de passer des vacances avec toi. Te revoir m'offrira la possibilité de renouer avec le passé et de retrouver le chemin que nous aurions dû suivre. C'est cruel de devoir se séparer de ses enfants, mais j'ai besoin d'aller à ma rencontre. J'emmènerais bien Anne Charlotte, mais ce ne serait pas sage de la priver d'école. À mon retour, ma plus grande disponibilité me permettra d'être à leur écoute. Malgré ma décision de partir, je fais preuve d'hésitation n'ayant pas encore trouvé d'appartement. Le chalet reste un excellent refuge. Claude a accepté de me le céder. J'en suis heureuse. Cela fera du bien aux enfants de s'y retrouver le week-end. Une fois installée, je les prendrais une semaine sur deux. C'est ce que nous avons convenu. Ce qui signifie qu'il faudra que j'habite à proximité de l'école de Nicolas. Dans ce cas, mes possibilités de trouver un logement risquent d'être réduites. Devoir acquérir un appartement immédiatement serait trop précipité. Je devrais me résigner à vivre temporairement chez mes parents. Ce sera plus facile d'y recevoir les enfants. Mon patron a montré beaucoup de réticence à m'octroyer le congé sans solde au vu de mon rôle stratégique dans le projet. J'ai dû faire preuve de persuasion. Je lui ai fait comprendre que ma santé psychique est tout aussi importante. Après tout, ce ne sera que quinze jours. Je partirais la semaine prochaine. Je me fais une joie de te revoir.

Je t'embrasse avec toute mon amitié

Clara

**Mon cher Gilbert,**

Je crois que tu aurais adoré te promener le long du rivage baigné par la lumière du soleil et les embruns. Je retrouve les mêmes sensations que j'éprouvais à dix-huit ans alors que nous passions avec Julie nos vacances dans ce merveilleux coin de France. Comme cela fait du bien de se détacher du monde auquel j'étais enchaînée. Depuis notre rencontre, nos vies sont remplies de coïncidences. Savais-tu que Gwendoline est la maîtresse de Claude ? Les enfants m'ont parlé de la femme de Claude. Elle se prénomme Gwendoline. Pas un seul instant, j'imagine qu'il s'agit d'une autre personne que celle que nous connaissons. Je me souviens le jour où Claude m'a annoncé que son ami s'appelle Gilbert. Il était difficile de se douter qu'il s'agissait de toi. Cette fois, j'ai la certitude, Gwendoline est la femme que nous fréquentons. Pourtant, j'ai encore du mal à le croire. À présent, je comprends pourquoi Gwendoline avait pris ses distances. Je te mentirais si je te disais que je suis indifférente à leur liaison. Gwendoline reste une femme attachante avec laquelle j'ai beaucoup de points en commun. C'est cela qui me rend triste. Claude a retrouvé chez elle ce que j'avais laissé flétrir. Non seulement elle est belle, mais aussi elle me ressemble. J'ai parfois l'impression d'avoir gâché mon existence. En même temps, je me rends compte qu'il me fallait ouvrir une nouvelle voie. J'en suis arrivé à remettre en question mon travail. Pourtant, j'ai un vrai attrait pour le projet dans lequel je me suis beaucoup investie. Néanmoins, cela semble insuffisant pour y consacrer ma vie. J'ai envie de vivre pleinement, de faire des rencontres intéressantes et de retrouver le plaisir de m'amuser. J'ai repris l'aquarelle comme je la pratiquais plus jeune. J'ai posé à nouveau mon regard, du haut de ces rochers, sur la Méditerranée pour capter ces couleurs qui lui donnent toute sa majesté. L'autre soir, Julie m'a invité chez des amis, j'ai été charmé par Antoine, un négociant en vin. C'est un homme très cultivé, peut- être un peu prétentieux. J'ai pris l'habitude de passer les après-midi en sa compagnie lorsqu'il ne travaille pas. Il m'a emmené avec lui longer la Riviera. J'ai eu le plaisir de manger à de grandes tables. J'ai eu l'impression d'être devenue l'actrice d'un de ces films des années 1960. Il espère que notre relation soit plus qu'une passade. Je m'attends à ce qu'il me propose de rester en France. Ce n'est pas l'envie qui me manque, mais il est difficile de devoir renoncer à l'amour de mes enfants. Je pourrais demander à Claude que les enfants viennent vivre avec moi. Je crains qu'il voit d'un mauvais œil de devoir se séparer d'eux. Je pourrais emmener Anne-Charlotte et laisser Nicolas avec son père. Anne-Charlotte adorerait habiter ici. Cela lui permettrait d'ouvrir de nouveaux horizons. Elle se déciderait finalement à travailler plus assidûment. J'imagine toutes les réflexions qui traversent ton esprit en me lisant. J'ignore ce que tu m'aurais conseillé dans des circonstances où il est difficile de choisir. L'autre soir, nous étions invités à une réception organisée par la mairie, j'y ai rencontré une galeriste québécoise. Antoine lui a présenté la toile que je lui ai offerte. Elle m'a fait de très beaux compliments sur la qualité de mon travail. J'ai été flattée d'apprendre que mes peintures méritaient une certaine considération. Cela m'a d'autant plus encouragée à vouloir rester ici où une fois encore, l'inspiration a éclos. Antoine possède une magnifique maison dans l'arrière-pays. Je m'y installerais bien. En attendant, j'ai menti à cette galeriste lui faisant croire que j'étais sans emploi. Tu peux t'imaginer qu'elle m'a offert de s'occuper de sa galerie qui se trouve à quelques kilomètres du chalet. Le destin que tu chéris a une fois encore frappé. Elle est sur le point d'en ouvrir une nouvelle en Floride et elle a besoin de quelqu'un pour gérer celle du Québec. Une semaine après notre rencontre, je l'ai contactée et j'ai accepté sa proposition. J'ai décidé de mettre ma carrière entre parenthèses. Je n'ose imaginer le choc que ma démission risque d'entraîner au sein de l'entreprise. La seule chose pour laquelle j'ai de la peine c'est que je ne verrais les enfants que le week-end. J'espère qu'ils éprouveront du bonheur de quitter la ville pour la campagne. La semaine, je pourrais me consacrer à peindre. J'ai la conviction que tu m'aurais encouragé sans hésiter. Si Antoine a vraiment envie de faire un bout de chemin avec moi, il pourra toujours venir passer du temps au Québec. Il y a un marché pour les bons vins. Bientôt, je serais de retour, il faudra aller souper ensemble. Nous aurons beaucoup à nous raconter.

Je t'embrasse

Clara

## Gilbert à son dictaphone

Ma liaison avec Clara m'a incité à réfléchir sur l'amitié entre un homme et une femme. La vie nous mène à faire des rencontres sans jamais nous interroger sur leur nature. Selon les circonstances, elles prennent différentes formes. Rarement, un homme voit sa relation avec une femme comme une possible amitié. Pourtant, la vie conduit à nouer des liens avec le sexe opposé à l'encontre de tous préjugés. Il suffit de travailler ou de partager une activité avec une femme et que les discussions s'enchaînent pour qu'une amitié puisse naître. Bien entendu, il y a toujours le risque que cela glisse vers une passion amoureuse. Il existe aussi la crainte de se laisser piéger par une situation dans laquelle on n'est pas préparé à s'engager. Le milieu dans lequel nous grandissons favorise l'amitié avec le sexe opposé. Des femmes qui sont élevées dans un monde entouré d'hommes arriveront plus facilement à concilier des amitiés avec les hommes sans un quelconque préjugé. Ce serait similaire pour des hommes qui ont été éduqués dans un environnement féminin. Bien entendu, le risque du malentendu ne peut être évité si celui ou celle qui nous porte de l'intérêt interprète nos intentions de façon erronée. Pour ma part, j'ignore comment qualifier mes liens avec Clara. Notre relation a baigné dans un mélange d'amitié, de sexualité et de complicité auquel s'est ajouté un amour mal défini. Une forme d'union nous réunit sans pour autant former un couple. Pour Clara, notre liaison paraît une évidence. En pensais-je autant ? Après tout, c'est Clara qui mène la danse. Je ne lui ai jamais refusé une rencontre et moins encore je l'ai mise à distance. Je dois admettre que cette relation me convient d'une certaine façon. Nous n'avons pas d'engagement entre nous et nous préservons notre liberté. Si hier j'écoutais davantage que je m'exprimais, aujourd'hui cela a quelque peu changé. Le fait que Clara se sente libérée de ses contraintes en explique la raison. Cependant, Clara a tendance, à l'occasion, à imposer ses volontés surtout en matière de sexualité. C'est comme un boulimique qui prit par la faim se précipite sur la nourriture. Elle considère le sexe comme un besoin autant pour satisfaire son désir que pour compenser ses angoisses. Depuis sa rencontre avec Antoine les choses ont un peu changé, mais pour combien de temps encore ? Je doute que cette relation à distance perdure. Clara ne souhaite pas s'enchaîner à nouveau à un homme. Elle a retrouvé sa liberté et elle aimerait tracer sa route. Elle a compris que je ne suis pas un obstacle sur son chemin, mais plutôt un compagnon de voyage. Reste que je ne dois pas craindre d'exprimer mes désirs et lui opposer des refus. Néanmoins, toutes mes interrogations et ma retenue se sont dissipées, car nous avons appris à nous connaître au point de synchroniser et harmoniser nos envies. Nous formons un couple hétérodoxe dont la complicité explique cette facilité à nous fréquenter au grès de nos humeurs tout en vivant notre propre vie. Depuis qu'elle s'est installée au chalet nous nous voyons plus souvent qu'auparavant. Maintenant, qu'elle a mis de l'ordre dans sa vie, elle ne tardera pas à se trouver un emploi à Montréal. Les enfants commencent à lui manquer. Je suis toujours étonné qu'il lui arrive encore de penser à Gwendoline. Elle ne lui en veut d'aucune manière d'être parti avec Claude. Je ne serai pas surpris si elle en arrive à la remercier. Après tout, ni Claude ni Clara ne réussissait à se séparer. Clara était dépourvue de courage de crainte de faire souffrir Claude. Lui désespérait de voir Clara se rapprocher de lui. Tous les deux s'accrochaient à l'idée de relancer leur couple tout en sachant qu'ils ne trouveraient pas l'énergie pour accomplir cette tâche. L'un comme l'autre avait besoin de suivre leur chemin. Leur relation s'est asséchée faute de temps. Malgré un quotidien bien organisé, ils n'avaient pas réussi à se garder des moments libres de toutes contraintes pour se laisser vivre et entretenir leur bonheur. Au début, leur existence était heureuse, l'amour les nourrissait. Puis l'arrivée des enfants a changé la dynamique. Il a fallu une certaine adaptation pour qu'une nouvelle synergie prenne place. Puis la vie professionnelle s'est à nouveau imposée. On ne peut pas reprocher à Clara d'avoir renoué avec sa carrière. Clara désirait montrer qu'elle avait réussi à être la femme, la mère, et l'ingénieur de talent. À force de vouloir tout embrasser en même temps, elle a fini par tout perdre. Je comprends que Claude ait succombé aux charmes de Gwendoline. Il a vu en elle ce que Clara a été, mais qu'elle n'était plus. Je me demande combien de temps encore Clara vivra sa bohème loin des hautes sphères qu'elle a côtoyées. De plus, son salaire ne lui permet plus de mener le train de vie qu'elle a eu par le passé. Je pense que la soif d'être valorisée et reconnue l'incitera à gravir à nouveau les sommets. En attendant, sa peinture connaît un certain succès, même si cela reste marginal. La gérance de la galerie favorise les rencontres avec des artistes et lui permet de confronter ses œuvres aux leurs. À l'occasion, elle joue les entremetteuses afin de m'offrir la possibilité de gagner de nouveaux contrats. Ces mandats me permettent de vivre de façon confortable tout en pouvant renouer à ma guise avec la solitude et l'écriture. Au fond de moi, j'espérais une autre existence, mais je ne savais d'aucune façon comment parvenir à mes fins. Mes désirs, je les rêvais plus que je ne les incarnais comme si je menais une vie qui n'était pas la mienne. Mon passé a volé ma confiance qu'il est difficile de rebâtir. En me glissant dans la peau du personnage que j'aurais souhaité être, je retrouve de la contenance. Même si, en compagnie de Clara, j'ai appris à être en adéquation avec moi même, il m'arrive encore d'enfiler ce costume qui me met à distance de ma réelle nature sans doute pour me protéger des blessures que je pourrais subir. Si la vie suit son cours, un sentiment d'incomplétude m'habite comme si je n'arrivais pas à prendre pied dans mon présent. Clara apporte du dépaysement à mon existence. C'est la raison pour laquelle je n'ai pas échappé à son emprise. Elle entretient l'espérance alors que parfois je me désole de ne pas réussir à m'inventer une nouvelle vie. Souhaitons que la transformation qui a bouleversé sa vie finisse par me contaminer. Cette dépendance à son égard me paraît souvent malsaine. Qu'arriverait-il, si nos routes venaient à se séparer ? La tristesse ne risque-t-elle pas de m'envahir ? Serais-je une fois de plus résigné face à une fatalité plus forte que ma volonté ? Perdu dans mes pensées, il m'a fallu quelques secondes avant de m'apercevoir que le téléphone sonnait. C'était Clara, Claude a eu un accident en ramenant Nicolas de son cours de sport. Le seul mot, que j'ai réussi à lui arracher, est le lieu où elle se trouvait. Le taxi ne tarda pas d'arriver et me conduisit au centre hospitalier de l'Université de Montréal.

**Ma chère amie**

Il m'a fallu trouver du courage pour m'attabler devant mon clavier. La vie est parfois cruelle. Elle nous oblige à affronter d'horribles situations. Je ne m'attendais pas à une aussi lourde épreuve, moi qui croyais avoir suivi le chemin de ma destinée. Les conséquences, qui en ont découlé, m'apparaissent toutes aussi étranges comme si le destin tenait à me faire entendre que j'avais pris la mauvaise voie. J'ai l'impression de m'exprimer à la manière de Gilbert. Je n'arrive pas à penser que j'ai épousé ses théories. Peut-être a-t-il raison ? J'éprouve de la difficulté à accepter que nos existences suivent un chemin que nous ignorons aux dépens de notre volonté. Gilbert explique que c'est plus subtil qu'on veut le croire. La route du destin ne ressemble pas à une ligne droite que l'on emprunte aveuglément. Elle est sinueuse, remplie d'obstacles avec lesquels nous ne cessons de lutter. Il affirme que si l'on venait à l'emprunter la vie paraîtrait plus douce malgré son lot de souffrances, d'échecs et de désespoirs. Faut-il encore la connaître ? Je devrais m'éloigner de toutes ces croyances qui me troublent l'esprit plus qu'elles ne me soulagent. Cependant, la grandeur de mon chagrin m'incite à vouloir comprendre ce qui s'est produit. Tout a pris forme il y a trois semaines. Cette après-midi-là, je travaillais à la galerie quand j'ai reçu un appel de la mère de Claude. La voix tremblante, elle me demandait de venir en urgence à Montréal. Claude avait eu un accident en accompagnant Nicolas au sport. Elle ne voulait pas m'en dire davantage. J'ai été prise de panique à l'idée que la vie de Nicolas pouvait être en danger. Je n'ai jamais conduit aussi vite. À l'hôpital, j'ai demandé à voir mon fils. Dans la chambre à ses côtés Gwendoline lui tenait la main. Je ne sais pas ce qui s'est produit, nous sommes tombées dans les bras l'une de l'autre. Gwendoline m'a rassuré qu'il allait mieux malgré son bras bandé et les hématomes sur le visage. Le docteur lui avait administré un relaxant qui l'avait conduit à s'endormir. Par contre, Claude se trouvait dans une situation plus préoccupante. Les médecins pensaient que son pronostic vital était engagé. Ce soir-là, j'ai ressenti un grand vide. J'ai compris combien j'aimais Claude. Qu'importe que nos routes se soient séparées, j'ai passé des années heureuses avec lui. Qui plus est, nous avions divorcé en bon terme. À l'idée que je ne le verrais plus, cela m'a arraché le cœur. J'en arrivais à regretter ma séparation, et me reprocher d'avoir fait preuve d'égoïsme. J'ai voulu conquérir ma liberté oubliant que la liberté s'apparente parfois à une illusion lorsqu'on n'est pas aimé. J'imaginais ce que pouvait vivre Gwendoline qui semblait profondément affectée. Malgré la force de caractère qu'elle avait déployée pour rester digne, elle ne pouvait plus retenir ses larmes. Elle avait résisté jusqu'à présent pour soutenir Nicolas dans la traversée de cette difficile épreuve. Je ne sais pour quelle raison la présence de Gwendoline me rassurait. En même temps, je sentais qu'elle ne tarderait pas à flancher sous le poids des émotions. Puis l'infirmière a demandé à nous rencontrer. Claude venait de nous quitter. Le choc fut si puissant que la pièce s'est mise à tourner autour de moi. Alors même que je me concentrais sur la poignée de la porte pour retrouver mes esprits, une autre infirmière entra en urgence. Gwendoline s'était évanouie. Le médecin est venu me voir pour savoir si Gwendoline avait vécu un traumatisme lié à un deuil. Je l'ignorais. En même temps, je pensais à ma belle-mère et à Anne-Charlotte. J'ai appelé Gilbert pour qu'il me rejoigne. J'avais besoin de me sentir soutenue. Une fois à l'hôpital, nous avons dû nous organiser. Je ne savais pas si j'aurais la force d'annoncer la nouvelle à ma belle-mère, et à Anne-Charlotte. Gilbert m'a suggéré de m'accompagner. Une fois que Gwendoline a retrouvé ses esprits, nous avons demandé qu'elle puisse rester auprès de Nicolas le temps que nous revenions. La route ne m'a jamais paru aussi longue. Ce fut encore plus difficile en franchissant le seuil de la porte de cette demeure que nous avions achetée avec Claude et dans laquelle j'ai construit ma vie. Anne-Charlotte a couru vers moi. Je l'ai prise dans mes bras et l'ai conduite dans sa chambre. Gilbert a emmené ma belle-mère par les épaules jusqu'au salon. Comment parler de la mort à une jeune enfant ? Je lui ai expliqué, avec les précautions voulues le drame qui avait eu lieu tout en lui faisant comprendre qu'elle ne reverrait plus son père. Nous avons beaucoup pleuré. Ne sachant comment introduire Gilbert, j'ai menti. Je lui dis que Gilbert était docteur et qu'il allait prendre soin de sa grand-mère et d'elle en attendant le retour de Gwendoline. Gilbert conduisit ma belle-mère auprès d'Anne-Charlotte alors que je reprenais le chemin de l'hôpital. Cette fois, c'est moi qui ai serré Gwendoline contre moi. Je lui ai demandé si elle allait mieux, l'informant qu'elle pouvait rentrer à la maison, Gilbert l'attendait. J'ai ainsi passé la nuit à l'hôpital avec Nicolas. Les jours suivants furent les plus improbables de mon existence. Je me suis retrouvée, dans cette demeure chargée de souvenirs, entourée de Gwendoline, de Gilbert et de ma belle-mère. J'ai cru bon que Gilbert reste parmi nous même si ce fut à son corps défendant. Personne ne voulait coucher dans ce qui fut ma chambre où Claude nous a aimées moi et Gwendoline. Il fallait décider qui dormirait dans celle des invités et qui s'installerait dans l'appartement du sous-sol ou le canapé du séjour était un lit pliant. Je ne savais ce qui était plus indécent de partager le lit de Gilbert ou de Gwendoline. Au regard des enfants, je préférais dormir avec Gwendoline. Pour mon équilibre psychique, il aurait été mieux de choisir Gilbert. Je sentais le malaise qu'éprouvait Gilbert de se retrouver dans une pareille situation d'autant plus qu'Anne-Charlotte ne faisait que l'appeler docteur. La semaine promettait d'être rocambolesque. Au-delà de cette réalité, il me fallait trouver la force d'organiser ma vie et celles de mes enfants dans les jours et mois à venir. Heureusement, Claude n'avait pas modifié son testament. La demeure me revenait. C'était un soulagement, car je n'ose imaginer le tracas que cela aurait été si Claude avait pris d'autres dispositions. Je savais que je ne pouvais d'aucune façon laisser ma belle-mère vivre seule d'autant plus qu'elle aurait à s'occuper de Nicolas et Anne-Charlotte. Je devrais apprendre à vivre avec elle. Pour ce qui est de Gwendoline, je ne pouvais pas la mettre à la rue. Non seulement elle avait perdu Claude, mais plus encore elle avait renoncé à retourner à Toronto afin de s'installer à Montréal et s'investir dans l'entreprise de Claude. Ainsi elle avait quitté son lucratif emploi et son appartement pour vivre avec lui. Pour ce qui est de Gilbert, j'avais besoin de sa présence. Il était l'arbitre nécessaire à maintenir ce fragile équilibre. Quant à moi, il me fallait trouver un autre travail rapidement d'autant plus, que divorcé de Claude, j'ignorais ce qu'il adviendrait de ses biens. Je n'osais imaginer le casse-tête qui allait en découler. La vie a fini par reprendre ses droits. Nous avons réorganisé les chambres pour que Gwendoline et moi puissions garder notre intimité. Après une semaine, Gilbert est retourné chez lui même si dorénavant la porte lui était ouverte. Ma belle-mère autant qu'Anne Charlotte l'avait adopté. Pour Nicolas, cela n'a pas été facile. Il s'est refermé sur lui. Le bon élève qu'il était a vu ses notes chuter. Il n'arrivait pas à retrouver le rythme auquel il était habitué. Je dus avoir recours à un psychologue. Malgré le travail de reconstruction, je savais que Nicolas porterait toute sa vie la cicatrice de ce terrible événement.

Je t'embrasse avec toute mon amitié

Clara

## Gilbert à son dictaphone

Je ne pensais pas me trouver dans des circonstances aussi particulières que ce soir-là à l'hôpital. Gwendoline et Clara se trouvaient côte à côte comme des amies de toujours. Dans sa mort, Claude les avait à nouveau réunies, alors que vivant, ils les avaient séparées. Malgré la situation dramatique, Clara avait réussi à conserver sa lucidité. Elle se devait d'avoir l'esprit clair sachant que personne d'autre ne pouvait annoncer la nouvelle à sa belle-mère et plus encore à sa fille. Mes relations aux événements tragiques ont toujours été compliquées. Cependant, je me devais de faire face à cette difficile épreuve, non seulement pour Clara, mais aussi pour Claude dont la disparition m'avait troublé. Je me demandais ce que le destin pouvait nous réserver de plus. J'appréhendais de me trouver dans cette demeure où il y a quelques mois nous étions retrouvés tous les quatre sans penser que la mort viendrait frapper l'un de nous. Hier, c'est Clara qui me recevait, ce soir c'était sa belle-mère. Je l'ai prise par les épaules comme ma propre mère et je l'ai conduite au salon. Elle avait très bien compris ce qui était arrivé. Je cherchais les mots pour souligner la tristesse engendrée par la perte d'un fils. La vie nous mène à devoir faire face à des épreuves que l'on ne souhaiterait pas vivre, mais qu'il faut affronter et dépasser pour nous-mêmes et pour ceux qui restent. Elle s'est mise à pleurer dans mes bras. Clara m'a fait signe de monter. Elle devait repartir à l'hôpital. J'ai pris la mère de Claude par la main et je l'ai conduite auprès d'Anne Charlotte dont les yeux étaient embués de larme. Elle a serré très fort sa petite fille dans les bras. La manière dont elle s'accrochait à Anne-Charlotte montrait toute la détresse de cette femme qui venait de perdre son unique fils. Je me sentis l'obligation de les séparer et de la faire asseoir sur le bord du lit. Anne-Charlotte serrait une peluche qu'elle n'avait sans doute pas prise dans ses bras depuis longtemps. Elle retrouvait le compagnon qui lorsqu'elle était plus petite lui tenait compagnie. Je ne me suis jamais senti aussi maladroit. Je n'arrivais pas à dire un mot. J'ai conduit la mère de Claude dans la chambre des invités et je lui ai proposé de s'allonger. Je me suis assis à côté d'Anne-Charlotte me saisissant du premier livre qui se trouvait sur sa table pour lui lire une histoire. C'est ce que je pensais être le mieux vu les circonstances. Elle a fini par s'assoupir. Lorsque Gwendoline est arrivée, je n'ai pas pu m'empêcher de la prendre dans mes bras. Elle portait sur son visage toute la douleur de sa tristesse. J'ai cru bon de lui préparer une tisane après avoir cherché pendant un moment les sachets de verveines. Ce soir-là, je n'ai pas beaucoup dormi. Gwendoline a déversé l'histoire de sa vie dans un flot de paroles interrompues. Sa famille a fui la dictature roumaine quatre ans avant la chute du mur de Berlin. Gwendoline avait 7 ans. Elle ne s'explique pas pour quelle raison ses parents ont choisi Toronto alors qu'ils parlaient le français. Leur faible salaire rendit les conditions de vie difficiles. Son père travaillait pour une épicerie et sa mère effectuait des ménages. Gwendoline ne se plaisait pas à l'école bien que la mixité culturelle aurait dû favoriser son intégration. Elle préférait s'évader dans ses pensées ou dans ses lectures loin de tous. Alors qu'elle venait d'avoir dix-huit ans, son père s'acheta une auto. Pour lui, c'était une forme de réussite. Cependant, le destin fait preuve parfois de cruauté. Un accident tua sur le coup ses parents. Du jour au lendemain, Gwendoline s'est retrouvée orpheline. Elle voyait ses ambitions universitaires devenir encore moins accessibles. Elle pensait que seules les études favoriseraient l'élévation sociale pour mener la vie qu'elle souhaitait. Dans de telles circonstances, elle dut se trouver un emploi suffisamment lucratif pour continuer à payer le loyer et ses frais universitaires. Les bourses, pas plus que le petit pécule laissé par ses parents, ne lui permirent d'avoir une existence décente. Comme premier choix, elle abandonna son logement pour vivre en colocation, une dure épreuve pour Gwendoline. Ensuite, elle ne suivit que quelques cours à l'université pour se consacrer à son travail à temps partiel. À l'Université, la brillante Gwendoline fut repérée par l'une de ses professeurs. Cette enseignante fut séduite autant par ses qualités intellectuelles que sa beauté physique. Son penchant pour Gwendoline la conduisit à lui apporter le support dont elle avait besoin. Gwendoline finit par vivre chez elle. Entre ces deux femmes intelligentes, il y eut une synergie indéniable. Néanmoins, Gwendoline se montrait méfiante face aux marques d'affection de plus en plus présentes. Cependant, cette nouvelle vie lui convenait si bien, qu'elle ne se sentit pas coupable de céder aux avances de son hôte. Elle le vivait comme une inédite expérience. Gwendoline n'était pas une opportuniste, mais elle ne souhaitait pas perdre la liberté qu'elle était en train de conquérir. La précarité de sa jeunesse l'avait profondément stigmatisée. Elle ne voulait pas courber l'échine pour survivre à la manière de ses parents. Son idylle avec son professeur s'estompa, mais elle continua à vivre chez elle. Leur amitié perdura au-delà des différends qu'ils purent avoir. Gwendoline ne connut pas beaucoup d'aventure masculine. Les étudiants universitaires manquaient de la maturité psychologique dont elle avait besoin. Après son diplôme, elle décida de mener sa propre vie. Elle travailla un an en Alberta avant de revenir à

Toronto pour compléter sa maîtrise. Elle avait vite enchaîné les emplois dans de grandes institutions financières. Cependant, une fois les échelons gravis, elle n'éprouva plus d'intérêt pour ce monde dénué d'humanité. Le transfert pour Montréal lui permettait d'ouvrir d'inattendues avenues. Elle savait en arrivant à Montréal qu'elle ne retournerait sans doute plus à Toronto. Elle souhaitait s'inventer une nouvelle existence. Sa rencontre avec Clara fut déterminante. Clara était sa première réelle amie. Si son professeur avait beaucoup compté dans sa vie, sa relation ne ressemblait pas à celle qu'elle entretenait avec Clara. Elle représentait l'amie d'enfance qu'elle avait perdue et qu'elle retrouvait avec bonheur. Gwendoline sentait qu'elle pouvait tout lui partager. Ce fut très difficile lorsque Claude commença à vouloir la fréquenter. D'abord, ce fut pour affaire, puis cela prit une tournure plus sentimentale. Pour autant, Gwendoline ne pensait pas trahir Clara qui lui avait confié que si Claude avait été l'homme de sa vie, le temps était venu pour que leur chemin se sépare. Gwendoline croyait rendre service à Clara qui n'arrivait pas à se décider. Pour Gwendoline, Claude représentait le chêne sur lequel elle pouvait se reposer, celui qui la protégerait des dangers extérieurs. Elle pouvait enfin relâcher sa vigilance, elle qui n'avait cessé de se méfier de son entourage. Son éducation expliquait son comportement. Depuis son enfance, ses parents lui avaient appris à être attentive à ce qu'elle disait au téléphone ou dans la rue. Il fallait même faire montre de prudence avec ses amis. La dictature roumaine fut l'une des pires de l'Europe de l'Est. Ses parents n'ont jamais pu se défaire de cette peur qui les avait marqués. Si Gwendoline vivait à Toronto, son éducation a continué de ressembler à celle d'une famille sous un régime autoritaire. Claude était l'homme qui la protégerait et la mettrait hors d'atteinte de tout ce qui voudrait lui nuire. Pour la première fois dans sa vie, elle se sentit libre, débarrassée du poids de la suspicion. Le décès de Claude raviva non seulement de douloureux souvenirs, mais lui fit perdre son protecteur. À présent, elle appréhendait, la vie qui s'ouvrait à elle. Gwendoline, la redoutable femme d'affaires exprimait toute sa fragilité. Elle hésiterait à endosser à nouveau ce costume. Elle avait besoin de s'épanouir et d'être heureuse. Au petit matin, Gwendoline dormait sur le canapé. J'arrivais à peine à me sortir du fauteuil, les muscles endoloris. Clara venait d'entrer avec Nicolas. Alors qu'il montait dans sa chambre, elle me demanda si j'acceptais de rester quelques jours avec eux. À mon corps défendant, j'ai cédé aux désirs de Clara. Je savais que cela était difficile pour chacun d'eux. Clara espérait une fois de plus que je jouerais le rôle de modérateur. Plus encore, elle n'arriverait pas à s'occuper de ses enfants, de sa belle-mère, de Gwendoline et d'elle même. Elle croyait que je pourrais être le pilier sur lequel les adultes pourraient compter. La situation me déplaisait d'autant plus que ma solitude s'en voyait bouleversée, mais je ne pouvais pas les laisser dériver. Dès le jour suivant, je pris l'initiative de préparer les repas. Je trouvais que c'était la meilleure façon de me rendre utile. La mère de Claude se tenait toujours à proximité. Je ne savais pas sur quel sujet je devais engager la conservation. Rester dans le silence me semblait inconvenant. La cuisine me parut le sujet le plus à propos. Par la même occasion, je tâtais le pouls des préférences culinaires de la famille. Je prenais un plaisir d'observer Gwendoline et Clara dont le rapport me surprenait, à la fois complice et solidaires. Je m'inquiétais pour Nicolas qui s'était renfermé dans son monde. Il parlait très peu contrairement à Anne-Charlotte qui avait besoin de s'exprimer. Son attachement pour sa mère ne l'empêchait pas de bien s'entendre avec Gwendoline. Le soir, elle souhaitait que je lui lise une histoire. Si je venais à être en retard, elle accourait prête à me tirer par la manche. Bien que j'ai fini par m'habituer à cette vie familiale, j'éprouvai un certain soulagement une fois de retour à mon domicile. Je dois reconnaître que m'être retrouvé entre deux femmes pour qui je ressentais de l'attirance m'a troublé. Je n'avais pas détaché mon regard de Gwendoline tout au long de la semaine que j'ai passée chez Clara. En même temps, Clara, du fait de notre familiarité, m'avait installé dans la position du mari de remplacement ce qui me dérangeait. Je savais que les prochains mois, je me trouverais souvent sollicité par Clara. Je n'étais pas préparé à me glisser dans le rôle du fils, du père, du mari et de l'amant de substitution. Je me devais de suivre ma route et de me défaire de son emprise. Aujourd'hui, la situation ne ressemblait plus à celle d'hier. Clara avait perdu en partie son indépendance. Peut-être est-il temps que j'aie le courage de me libérer de ma prison et d'ouvrir d'autres horizons. Mon bagage informatique me donnait un atout non négligeable. Mes contrats m'avaient permis de développer une polyvalence qui me faisait défaut par le passé. C'est ainsi que je reçus une offre pour travailler dans la Silicon Valley française à Sophia Antipolis dans le sud de France. J'acceptais sans même y penser. Toute réflexion aurait conduit à des tergiversations sans fin. Clara m'assurait que Lucie, sa très chère amie, pourrait m'aider à m'installer. Qu'importe si c'était la bonne décision ou non, je me devais de ne plus être le spectateur du destin des autres, il fallait que je devienne l'acteur de ma propre vie.

**Ma chère Clara,**

Bien que cela fasse deux ans que Claude a disparu, je constate qu'il t'est encore difficile de ne pas penser à lui. Il est compliqué d'oublier plus de dix ans de bonheur même si la dernière année ne fut pas très heureuse. En réalité, votre séparation n'a jamais effacé ces années. Elles étaient juste cachées derrière le paravent de votre divorce. Du vivant de Claude, malgré votre rupture, un lien continuait à vous unir qui ne pouvait se biffer du jour au lendemain. Sa disparition a provoqué une déflagration, car tout à coup, tu te rendais compte de ce qui disparaissait. Au-delà du mari qu'il a été, c'est une âme complice qui venait de se détacher de toi. C'est souvent dans un événement tragique que l'on constate la richesse de ce que l'on a perdu. Ni toi ni lui ne pouviez vous considérer comme coupables du naufrage de votre couple et de votre amour. Vous vous êtes enfermés trop longtemps dans des rôles dans lesquels vous vous trouviez si à l'aise que vous ne pensiez d'aucune façon qu'ils nuisaient à votre épanouissement. La plupart d'entre nous se font piéger par la manière de vivre que nous impose la société même si l'on croit que notre indépendance d'esprit est loin de toute influence. Ma vie m'a montré combien nous souhaitons nous parer d'une image qui reflète nos plus beaux atours quitte à nous mentir. Apprendre à nous apprivoiser, au risque de sortir de la route de la conformité, permet de bien mieux grandir à condition de trouver le compromis entre ce qu'exige notre vie en société et la façon dont on désire mener notre existence. Aujourd'hui, il faut te reconstruire. Je pense que tu as pris la bonne voie, même si ta cohabitation avec Gwendoline me laisse songeuse. D'après ce que tu m'en dis, Gwendoline a été tout autant sinon plus affectée par la disparition de Claude. J'imagine que leur liaison, courte fut-elle, a dû être intense d'autant plus qu'elle devait participer à son projet d'entreprise. Tu affirmes t'entendre si bien avec Gwendoline que vous avez jugé évident de suivre une route commune. J'ai l'impression que votre relation ne s'est pas démentie bien que Gwendoline soit partie avec Claude. Tu te demandes ce que cache ce sentiment qui ne te paraît pas tout à fait sororal, mais pas encore de l'amour. Je crois qu'il est préférable de le vivre que de l'interroger. C'est inhabituel d'éprouver une aussi profonde amitié, même si j'imagine que ton aventure à Toronto t'incite à te questionner sur les désirs que tu peux sans doute à nouveau ressentir à son égard. Je comprends que tu souhaiterais à l'occasion fréquenter un homme comme Gilbert, mais autant te dire que cela est rare. Gilbert c'est l'exception. Il te laissait ta liberté. Vous viviez une amitié amoureuse. Depuis que je connais Gilbert, je peux t'affirmer que sa grande empathie, son désir de ne pas vouloir te blesser ou encore te voir souffrir qui l'a conduit à agir ainsi. D'ailleurs, si demain un homme entrait dans ta vie quelle tournure prendrait ta relation avec Gwendoline d'autant plus que vous avez démarré ensemble une entreprise de conseils ? Si c'est la sexualité qui te manque, je pense que tu ne devrais pas te priver de quelques aventures, mais fais preuve de prudence. Ces escapades d'une semaine ou d'un soir peuvent faire chavirer nos sentiments. Nous savons l'une comme l'autre comment Gilbert a transformé nos vies alors que nous l'imaginions comme un ami ou un amant. Je n'oserai pas te demander si tu as vécu avec Gwendoline de nouvelles relations physiques. Tu m'avais dit combien son charme et sa sensualité t'avaient troublé lors votre première rencontre. Gilbert m'a confirmé que Gwendoline fait vaciller le regard de quiconque la croise. Je présume qu'au quotidien cela doit te perturber. Rappelle- toi que tu as toujours eu une attirance pour la beauté. Dans notre jeune âge, je voyais comment tu m'admirais parfois au point de me gêner. Je n'ai jamais pensé que ta sexualité pouvait être sujette à des ambivalences. Tu n'as cessé d'aimer les garçons, même si je suppose que tu aurais été ouverte à explorer des interdits. Il fallut Gwendoline pour que cela se produise. Je ne crois pas que cela se reproduira à nouveau, mais l'euphorie d'une soirée endiablée pourrait te faire succomber à tes pulsions. Ne te tourmente pas avec ce qui pourrait arriver. Laisse-toi vivre, nul ne sait ce que demain nous réserve. Votre cohabitation doit paraître étrange pour les enfants. En tout cas, Anne Charlotte semble ravie. Tel que je la connais, Gwendoline a dû devenir sa meilleure avocate. J'éprouve de la tristesse d'apprendre que Nicolas est encore refermé sur lui. Heureusement, ton père toujours actif intellectuellement et physiquement est pour lui un père de substitution. Je crois que c'est une bonne chose qu'ils passent beaucoup de temps ensemble. Cela permettra à Nicolas de retrouver la confiance en lui. Je sais que pour toi la situation est compliquée à gérer vu que Nicolas ne semble pas apprécier cette nouvelle configuration familiale. L'adolescence est une période difficile à traverser. Ta belle-mère paraît se plaire dans sa résidence pour personne âgée. Je pense qu'elle aurait dû conserver son appartement au lieu de choisir ces cages à vieux même si c'est un lieu qui offre tous les services. Je comprends difficilement que l'on veuille s'enfermer dans des lieux aussi homogènes où la mort rôde. Le contact avec la jeunesse permet de prolonger la vie. Heureusement que vous allez la voir occasionnellement les week-ends. Pour ma part, je vis toujours le parfait bonheur avec Gilbert, nous vous attendons avec impatience au mois d'août pour notre mariage.

Je t'embrassse.

Affectueusement

Julie

## Gilbert à son dictaphone

La vie ne cesse de me surprendre. Certains diraient que ce que j'appelle le destin n'est que la puissance de ma volonté pour accomplir mes désirs. Pourtant, quels que soient les efforts que j'investis ou les événements que je déclenche, je reste tributaire de mon environnement. Aurais-je quitté le Québec pour venir m'installer dans le sud de la France si ce n'était la mort de Claude et la nouvelle configuration familiale de Clara ? J'en doute même si le désir de transformer ma vie m'a toujours habité. En réalité, il a suffi d'un cours de dessin pour que ma vie se bouleverse et provoque le changement de celle de bien d'autres personnes Clara, Claude et Gwendoline. Dans une certaine mesure, nous n'avons pas une emprise sur notre destin. L'environnement, que nous ne maîtrisons pas, influence notre comportement. Nous finissons presque toujours par être entraînés dans le sillage de notre destin. C'est ainsi que je suis arrivé en France. Mon travail à Sophia Antipolis a ressemblé à une véritable retraite. Je consacrais mon temps à mon emploi sans jamais envisager une autre vie en dehors de ce magnifique village de Valbonne. À l'occasion, Julie m'invitait à passer le week-end chez elle à Antibes. C'était toujours agréable de me retrouver en sa compagnie. Il n'y avait pas d'obstacle qui nous séparait, nous partagions des plaisirs semblables. Les soirées, qu'elle organisait, donnaient lieu à de riches rencontres et d'intéressantes discussions. C'était une façon de rompre avec une routine devenue monotone bien que mon travail me passionne. À l'occasion, j'avais des nouvelles de Clara même si le plus souvent c'est Julie qui me tenait informé de ses péripéties. Devais-je être étonné que Gwendoline et Clara aient pris la même route? J'avais toujours pensé que Gwendoline avait un penchant pour Clara. Je ne sais pas si leur liaison perdura dans le temps bien que l'une comme l'autre ait réussi à forger des liens qui semblent à toute épreuve au-delà des différends qu'ils avaient eus ou qu'ils pourraient avoir. En même temps, une rencontre inattendue pourrait faire basculer la vie de l'une d'elles. Je crois que si j'étais resté au Québec j'aurais fini par me retrouver dans une relation de trio. Nous aurions formé un « trouple » comme on dit de nos jours. Dans une telle situation, je me serais trouvé sous l'emprise de deux femmes, pris dans un étau qui s'il pouvait faire rêver bien des hommes aurait généré plus de contraintes que de liberté. Je n'aurais pas su maintenir de façon saine mon indépendance. J'aurais fini par connaître la pression d'une relation ou chacune d'elle aurait vu en moi le support à leur angoisse au détriment de mon épanouissement. Si j'étais resté au Québec, je crois qu'il aurait fallu plus que de la volonté pour se tenir à distance de ces deux veuves. Je ne pouvais pas imaginer ce qui m'attendait en arrivant en France. Je me souviens de la première fois où Julie est venue me chercher à l'aéroport. Son élégance laissait transparaître sa simplicité. Elle n'avait pas besoin de robes de haute couture ou de maquillage pour être belle. Pour une femme de plus de quarante ans, elle pouvait rendre jalouses toutes ces jeunes filles qui se trémoussaient sur la plage. La route qui nous conduisit de Nice à Antibes fut le chemin vers un autre monde. J'avais l'impression d'entrer dans un roman qui m'offrait la possibilité de découvrir une nouvelle réalité. Clara fut notre sujet de conversation. Julie me connaissait bien plus que je savais qui elle était. Je m'interrogeais sur ce que Clara avait pu écrire à mon propos. L'avait-elle entretenue de nos relations rocambolesques ? À entendre parler Julie, je me rendais bien compte qu'elle et Clara avaient peu de secrets entre elles. J'ai adoré la maison de Julie. Je m'y suis senti chez moi dès l'instant où j'ai franchi le seuil de la porte. Le petit jardin avec la vue sur la mer me ravissait. Mon premier matin à Antibes, je me suis assis de bonne heure face à la mer, et ce, malgré la fraîcheur et j'ai écrit. Les phrases, qui hier avaient du mal à s'imprimer sur la feuille, glissaient les unes après les autres en une merveilleuse mélodie. J'espérais que mon travail n'occuperait pas toutes mes pensées au point de me priver d'aligner des mots sur ma page blanche. Julie m'invita de temps à autre à passer des week-ends chez elle. Elle était divorcée depuis quatre ans sans avoir voulu chercher depuis un remplaçant. Notre relation franche et amicale se combinait à un désir réciproque que nous portions l'un pour l'autre. Notre histoire s'est petit à petit construite comme une semence qui prend son temps avant de donner de magnifiques fleurs et de beaux fruits. Chaque nouvelle rencontre permettait d'apprendre à mieux s'apprécier. J'avais un plaisir à me retrouver chez elle. J'avais l'impression que nous nous connaissions depuis si longtemps qu'elle n'avait pas besoin de s'exprimer pour que j'interprète ses envies. C'était réciproque et c'est ce qui me plaisait. Julie éprouvait non seulement de l'amour à mon endroit, mais aussi de la considération. Précédemment, aucune femme a tenu en compte mes désirs ni pris soin de moi. J'appréciais l'attention qu'elle apportait pour que je me sente heureux. Après un an, je décidais de mettre fin à mon travail et de m'installer chez Julie. Les contrats dont j'avais l'habitude par le passé redeviendraient une source de revenus. Bien entendu, ce ne fut pas aussi simple que cela avait été au Québec, mais les connaissances de Julie me permirent d'y parvenir. Les contrats étaient de tout ordre, autant pour de petits commerçants que pour de plus grandes entreprises. Je dus apprendre à conduire, car c'est du côté de Cannes ou de Nice que j'étais le plus sollicité. Cette liberté m'offrit la possibilité de renouer avec l'écriture. Ainsi tous les matins, je pris l'habitude de rédiger un chapitre d'une œuvre qui hier encore ne voulait pas voir le jour. La rencontre avec Clara, et où elle m'avait mené, m'inspira. La nature humaine est une matière riche à explorer. Lorsque je mis le point final au livre, Julie me demanda si je souhaitais l'épouser. Jamais je n'aurais pensé qu'un tel événement se produirait dans mon existence. Ce fut pour moi une surprise au point que je ne sus quoi répondre. Je compris ce jour-là que j'appréhendais tout engagement. La peur de se retrouver prisonnier d'une situation dans laquelle il serait difficile de s'en sortir en expliquait la raison. Cependant avec Julie tout paraissait différent. C'était une évidence, ma vie devait se construire avec elle. Je savais que nous pouvions compter l'un sur l'autre en toute circonstance. Mes craintes se sont dissipées. Le livre venait de clore le chapitre de mon existence passée. Désormais, une nouvelle vie s'ouvrait devant moi.

CPSIA information can be obtained
at www.ICGtesting.com
Printed in the USA
FSHW021301211020
75049FS

9 782981 849137